世界本原

The Essence of The World

邵泽华 ◎ 著

中国经济出版社
CHINA ECONOMIC PUBLISHING HOUSE

·北京·

图书在版编目（CIP）数据

世界本原 / 邵泽华著. -- 北京：中国经济出版社，2024.8. -- ISBN 978-7-5136-7899-5

Ⅰ.B0

中国国家版本馆 CIP 数据核字第 20242XX407 号

责任编辑	贺　静
责任印制	马小宾
封面设计	任燕飞设计

出版发行	中国经济出版社
印 刷 者	北京富泰印刷有限责任公司
经 销 者	各地新华书店
开　　本	880mm×1230mm　1/32
印　　张	5.75
字　　数	109 千字
版　　次	2024 年 8 月第 1 版
印　　次	2024 年 8 月第 1 次
定　　价	98.00 元

广告经营许可证　京西工商广字第 8179 号

中国经济出版社 网址 http://epc.sinopec.com/epc　社址 北京市东城区安定门外大街 58 号 邮编 100011
本版图书如存在印装质量问题，请与本社销售中心联系调换（联系电话：010-57512564）

版权所有　盗版必究（举报电话：010-57512600）
国家版权局反盗版举报中心（举报电话：12390）　　服务热线：010-57512564

序一

　　古有老子，强曰天地造化之机为道；后有庄子，巧纳宇宙幻真之界于蝶。外有佛祖，缘释人神生灭之理；内有黄帝，气解万物灵枢之宗。惠子观鱼，是谓有别不能交感；董生对策，却言存灵自然相通。墨子明德，奉天志而行善举；荀子修身，制天常以作用功。二程尚理，格物思辨晓天地；阳明宗心，内省自觉致良知。

　　天生万物，人取其一。渺渺井中望穹幕，茫茫纵神游太虚。盲人摸象，状别非缘象有异；小儿辩日，两思无由感误差。管中窥豹，唯见片方；一叶障目，泰山无痕。合因观位之细别，得分视景之参商。

　　北斗恒在，所赖相静之机；日月转还，盖守周行之变。四方既定，两向续存。太一生化，阴阳以分。气贯虚空，自成冥冥之界；神引潜易，即显众妙之门。气聚而形，形盈而质。清升浊降，势运动之原；自性集集，合新变之始。迎初光而升少阳，存后华而凝少阴。阴阳相生，万物乃成。

　　蕴大知而解小节，自畅端末；合片理而度大道，必滞

世界本原

贯通。天地造幻，呈未竟之影；宇宙原空，返先天之灵。得灵而感，感延生幻；和之于梦，翩翩为蝶。观其象而知其质，晓其然而会其因。一气朝阳，建良居以养魂魄；清心明意，还本神以回灵空。交心万物，感灵枢更革；扬志大千，聆天律和鸣。

肉体凡胎飞灰日，或成幻影或成灵。

修行即是行正法，积善全德神自馨。

邵汉舒

序二

信联信，时联时，空联空，物联物，幻联幻，分与重。上下相联，五界相通。

信时相予，空信盈丰。灵性信息绵绵，物性信息繁充。空罗万象，空蕴万物，无中生有，万物衍隆。空与物异，物与空同，物在空里，空在物中。

空间物理，宇宙乾坤，始于混沌，终于朦胧。空延生能，能集生尘，尘聚成星，星照苍穹。能浓宇宙膨胀匆匆，能稀星体爆炸从容。空间无尽，宇宙有穷。能薄无力，宇宙墙崩。阴阳相合，万物归空。

物留影，影生幻，幻冥蒙。物自成幻，物人成幻，人幻成幻，幻藏物宗。幻为物理延伸，幻在物理回笼。

天地人相通，空物幻相融。空心联空，物心联物，幻心联幻，脑思体工。命运相伴，缘分相依，机会相逢，顺天应人，创造把握，自然成功。

善哉，善哉！何来何往，何去何从？人在世界轮转，世界心中如风。

邵泽华

前言

世界之大，精彩纷呈，玄妙莫测，引无数人着迷、思索。

对世界的探索、认识和改造，贯穿古今，涵盖天文、地理、物理、哲学诸多方面。中国古代哲人认为，"世"谓"同居天地之间"，"界"谓"各有彼此之别"[①]，同居一个时间、空间体系之内，乃人们所言之"世界"。这一世界中有诸多维度，既各自依律运行，又构成一个整体，包罗一切存在。

这一世界究竟有哪些维度、如何运行，始终难有定论，盖因"不识庐山真面目，只缘身在此山中"。人们以自身为出发点感知世界，不免以自身的物理属性揣度时间、空间乃至整个世界的属性，将它们物理化；以科学手段观测世界、解释世界，不免忽略世界的灵性，以致难知其全貌。

本书承中国古人之思想精粹，跳脱"以人为中心"的桎梏，以期站在世界之外看世界，提供一个更为清晰而全

---

① 对"世"和"界"的注解参见《康熙字典》。

世界本原

面的认知视角,阐明信息、时间、空间等存在所具有的非物理属性,揭示世界上除科学所能解释之存在外,仍有许多非物理之存在,并探究其本原,引发读者对世界的探索与思考。

　　本书的探索乃思之所至,亦是一家之言,如读者能从中有所收获,或重新审视世界,或越发认识自身,或品出世间百味,便是本书之大幸。经由读者的诠释,本书将更添缤纷色彩。若有见解相异或疏漏之处,恳请读者不吝赐教、批评指正!

目录

上部　质　　　　　　　　1

一、概述　　　　　　　　　3
二、信息世界　　　　　　　5
三、时间世界　　　　　　　6
四、空间世界　　　　　　　7
五、物理世界　　　　　　　8
　（一）宇宙的演变　　　　8
　（二）宇宙中的物质　　　17
六、幻影世界　　　　　　　20
七、物与世界　　　　　　　22
八、人与世界　　　　　　　25
　（一）我是谁　　　　　　26
　（二）我从哪里来　　　　27
　（三）我到哪里去　　　　27
　（四）为了什么　　　　　28
　（五）人性　　　　　　　29
　（六）文化　　　　　　　32
　（七）社会　　　　　　　34

下部　象　　37

- 一、概述　　39
- 二、信息篇　　41
- 三、时间篇　　59
- 四、空间篇　　74
- 五、物理篇　　83
- 六、幻影篇　　97
- 七、神秘篇　　108
- 八、梦也篇　　121
- 九、缘因篇　　134
- 十、命运篇　　150
- 十一、人类对世界的认识　　167
  - （一）对空间世界的认识　　168
  - （二）对物理世界的认识　　168
  - （三）对幻影世界的认识　　169
- 十二、人类对世界的改造　　170
  - （一）对物理世界的改造　　170
  - （二）对幻影世界的改造　　173

上部

质

一、概述

质,事物本身所固有的根本属性。《周易·系辞下》有云:"原始要终,以为质也。"万事万物的源起和终结,以"质"为根本。《列子·天瑞篇》又云:"太素者,质之始也。""质"之生发之初,即为"太素",世界的原始状态。

山海变换,斗转星移,从地球到宇宙,这世界一刻不息地在时间长河里运动向前。人之所见、所闻、所触、所感及不可感的一切存在,皆被纳入世界万千之中。脚下的大地支撑起地理世界,头顶的星空展开了宇宙世界,浩瀚的文字蕴藏着文化世界,炫目的网络构筑成虚拟世界……这广袤无垠、五彩缤纷的诸般世界之本原是什么?

古往今来,无数人试图探寻世界本原之奥秘,进行了方方面面的努力,形成了当前主要的各门学科,如神学、宗教

世界本原

学、哲学、数学、科学等。这些学科都从不同的视角增进了人对世界的理解，表明世界不是由单一维度构成。在这些视角之外，世界本原还存在其他的可能解释。

作为对世界本原之探索，本书将世界划分为"五世界"：信息世界、时间世界、空间世界、物理世界及幻影世界。信息贯穿于这五个世界之中，每个世界都存在着各具特点的信息，这些信息按照各自的规律运行，且每个世界都存在着状态各异的"生命"。"五世界"从信息世界源起，向幻影世界逐级延伸，下一世界不断从上一世界接收、转化信息，以丰富这一世界中的信息量，奥妙深蕴的世间万物、纷繁多变的世间万象便由此而来。

在探寻世界本原的道路上，人也免不了审视自身与世界之关系。"我是谁""我从哪里来""我到哪里去""为了什么"是人必须直面的永恒问题。对这些问题的解答与世界本原的求索紧密交织，人将在不断接近答案的过程中进一步认识世界、认识自己。

二、信息世界

信息依律运行，产生信息生命，形成信息世界。

信息没有时间性和空间性，超脱时间和空间，无时不在、随处皆有，能去往一切时间和空间。信息在过去、现在、将来的一切事物中穿行，包罗万象，涵盖大千世界的纷繁存在和诸般变化。

世间一切存在都蕴藏信息，上穷宇宙、下及微尘，或浩瀚或渺小的每一事物都内含完整的信息世界。

信息世界是"五世界"的起源，其余四个世界皆自信息世界演化而来。信息在五个世界中穿行，贯穿一切事物发展的始终。

三、时间世界

时间世界是信息世界的延伸。信息世界的信息运行并延伸，与时间结合形成时间信息代码（信息代码，后文均简称为"信息"）。时间信息的运行产生时间生命，从而形成完整的时间世界。

时间信息不断增加，单方向运行，无限向前延伸，可以用来记录和传递信息。时间信息没有空间属性，以信息的形式充满空间，而不占有空间。

时间是客观存在的，超越空间、物理的限制，不能被创造或毁灭。时间没有起点和终点，连续不断地向前运行，不会停歇，不可倒流。

四、空间世界

空间世界是时间世界的延伸。时间世界的时间信息运行并延伸到空间，与空间结合形成空间信息。空间信息的运行产生空间生命，从而形成空间世界。

空间信息包含灵性信息和物性信息。灵性信息由时间信息在空间中运行、转化而来，灵性信息的一部分形成灵性生命，一部分演变为物性信息。物性信息蕴藏的是物理实体的属性和运行规律等内容，运行形成物性生命。空间生命是灵性生命和物性生命的总和。

空间世界可以有多个，在无限的空间之中相互隔离，互不干涉。空间世界本身没有结构或形状，空间信息的运行塑造了其内在结构和特征。

五、物理世界

物理世界是空间世界的延伸。空间世界中的部分灵性信息转化成物性信息，物性信息的运行进一步转化出物理形态，物理信息伴随着物理形态而形成。最终，承载着空间世界延伸出的各种信息的物理形态构成物理世界。

物理世界即宇宙，从空间世界的"有"中来，经历从"无"到"有"的演变，产生不同状态的物质，形成物理世界的多样性。

（一）宇宙的演变

宇宙起源于"无中生有"，空间世界是其源头，其演变与运行轨迹的信息在空间世界已有预设。

宇宙起源后不断膨胀，经历加速膨胀、减速膨胀、二次加速膨胀、二次减速膨胀、三次加速膨胀、三次减速至低速膨胀、停止膨胀至最终坍缩归零七个阶段。

1. 宇宙加速膨胀

空间世界的灵性信息随着空间状态的变化而变化，其灵性逐渐减弱、物性逐渐增强，其中的一部分转化为物性信息。物性信息不断聚集，转化成正能量和负能量，从两个极点上喷发，这两个极点分别为正极、负极。

正能量、负能量均为暗能量，由能量子构成。能量子是物质以能量形式存在的基本单位，成对出现。正、负能量分别有与之一一对称的能量子，它们与对称的能量子在一定条件下能相互感应，同时接收相应的空间信息。

两极喷涌而出的暗能量不断朝相反的方向运动，且正、负能量子高速旋转，两极之间在其高速运转下产生极大的能量势差，在宇宙中心形成一道"宇宙墙"。宇宙墙及两极所在区域（统称为"高密度区域"）的能量密度极高，其周围的真空区域则没有能量，能量的"有""无"之间形成极大差异，前者类似于"推力"、后者类似于"拉力"，这一"推"一"拉"的作用（称为"宇宙扩张的作用力"）驱使暗能量高速地从高密度区域流向真空区域。

两极源源不断地喷发暗能量，高密度区域的能量密度不断增大，宇宙扩张的作用力便急速增大，推动宇宙加速膨胀，

世界本原

如图1所示。

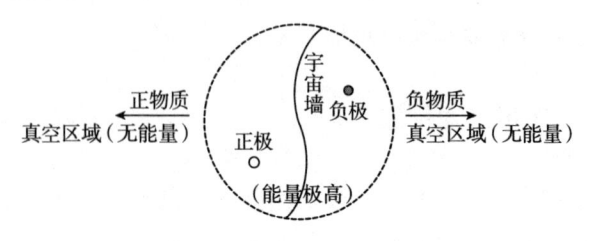

```
         正物质                         负物质
      真空区域(无能量)  宇宙墙  负极  真空区域(无能量)
                    正极
                  (能量极高)
```

图1 宇宙加速膨胀（宇宙的起源）

在宇宙加速膨胀的过程中，暗能量受到挤压，部分暗能量相互聚集形成暗物质。暗物质沿着暗能量作用的线路形成链条（称为"暗物质链"），链条交互之处构成一个个结点，形成巨大且复杂的网状结构，成为宇宙的初始结构，被称为"宇宙网"。宇宙网结点上附着的暗物质对外部的暗能量继续产生聚集作用（称为"宇宙网的作用力"），该作用力在此阶段较小，远远小于宇宙扩张的作用力，其后，两种作用力的强弱不断变化，带来宇宙膨胀速度和状态的变化。

2. 宇宙减速膨胀

在宇宙膨胀的第一阶段，暗能量聚集形成的暗物质越来越多；宇宙网结点上附着的暗物质也越来越多，其聚集暗能量的作用越来越大，使宇宙网的作用力不断增大。

宇宙扩张的作用力与极点喷发的能量呈正相关，能量密度越高，该作用力越大。而极点所能喷发的暗能量总量在空间世界早已确定,其从空间世界转化至物理世界的总量呈恒定状态,此暗能量在宇宙形成的过程中不断喷发直至殆尽。暗能量喷发殆尽时,宇宙扩张的作用力中促进加速的"推力"消失,宇宙扩张的作用力骤然减小。

随着宇宙扩张的作用力减小、宇宙网的作用力逐步增大,宇宙扩张的作用力从某个时刻开始小于宇宙网的作用力,使宇宙减速膨胀,进入第二阶段。在这一阶段,暗物质的运动越来越复杂和频繁,暗物质和暗能量占宇宙中物质的全部,宇宙处于混沌状态。

3. 宇宙第二次加速膨胀

暗能量和真空区域接触的表面积越大,其扩散的力便越大,推动宇宙扩张的作用力也越大。随着暗能量扩散面积的增大,宇宙扩张的作用力大于宇宙网的作用力,使宇宙加速膨胀,进入第三阶段。

伴随着宇宙加速膨胀中暗能量的扩散,宇宙网向四周延伸、扩大,暗物质在宇宙网的结点处越积越多,能量密度达到一定阈值时转化成显物质基本粒子,并且结点上聚集的物质对外部暗能量的凝聚作用增强,进而使宇宙网的作用力增大。

在这一阶段,宇宙网广泛形成,通常一个宇宙网结构最终孕育出一个星系;星系之间密布暗能量,且该区域暗能量的扩散速度较宇宙网结构中的暗能量扩散速度慢。宇宙中的

世界本原

暗能量持续从高密度区域流向中密度区域和低密度区域，各区域呈现出不同的现象。

(1) 高密度区域

在宇宙中的能量高密度区域，暗能量始终高速向外扩散，能量环境较为稳定。这一区域会形成较为牢固的宇宙网络，以便于暗物质聚集且进一步形成显物质基本粒子。

显物质基本粒子通过暗能量和暗物质的作用连接成其他粒子，如中子。中子会在较为稳定的能量环境中相互聚集，形成致密的中子星。

(2) 中密度区域

在宇宙中的能量中密度区域，暗能量以较高的速度流动，基本粒子通过暗能量和暗物质连接成中子后，部分中子又被宇宙扩散的作用力衰变成质子（也是化学元素氢最轻的同位素氕^{1}H的原子核），放出电子。

中子、质子等显物质粒子具有能量场，吸收能量并相互汇聚，形成宇宙气体。宇宙气体中的一个质子和一个中子剧烈碰撞，发生核聚变反应，结合成氢的同位素氘^{2}H的原子核，释放出大量显能量，使宇宙中发生聚变反应的区域处于高温状态。当该区域温度随着时间的推移下降时，氘核保持相对稳定形态，氘核的丰度逐渐增加并与其他质子或中子碰撞，结合形成同位素氚^{3}H的原子核和^{3}He的原子核（相对原子质量为3的氦核），后续进一步反应形成^{4}He的原子核（相对原子质量为 4 的氦核）。氦核丰度较高时会继续聚合成原子序数更大的核，释放出能量。基本粒子的运动不足以再引起核反应时，核聚变过程将停止。

核聚变过程中形成了较多的氢核和氦核，但此时发生聚变反应的区域温度仍然较高，原子核和电子仍处于电离状态，尚未配对结合。待温度继续降低，才真正复合成氢原子或氦原子，其他原子也相继出现，原子、分子等各种微观显物质粒子进一步聚合成更大的物质。

该阶段的中密度区域，核聚变反应占主要地位，使宇宙中的显物质大量形成，星系团、恒星等宏观天体便在氢核的基础上形成。氢核附着在宇宙网结点处的暗物质上，密度急剧增大，最终在引力的作用下坍缩，形成巨大的星系团。氢核与氦核继续聚集在宇宙网的结点处，形成密度更大的分子云。在星系团、分子云等气体星云密度最大的区域，气体的温度极高，发生核聚变反应，形成了光。其后，气体逐渐冷却收缩、变得致密，尤其是单质子的氢核压缩得越来越紧密。当这些质子足够接近的时候，暗能量和暗物质的作用力使之结合到一起，形成中性的氢原子，再进一步形成氢分子，这些氢分子构成巨大的气体星云。不过，该阶段的核聚变反应较不稳定，当宇宙中具有大于该反应释放出的能量的光子时可打破原子核的内部平衡，使原子核分解。

核聚变及分解持续发生，这些氢核反应产生使星云向外扩

世界本原

张的力；同时，星云所聚集的原子数量越多，原子间的距离越近，向内作用的引力也就越大，星云向外扩张的力和向内作用的引力之间相互抗衡。星云向外扩张的力无法抗衡其内部引力时坍缩形成恒星，恒星照亮了宇宙，打破宇宙的混沌状态。

恒星聚集的原子核越多、引力越大，为维持自身平衡所要释放的能量和消耗的物质（氢）也越多——其释放能量、消耗物质的方式为产生更复杂的元素（从单质子元素聚变为多质子元素），直至产生了质子数较多的元素，能量便通常无法再释放出来。此时恒星因自身向内作用的力太强而不可避免地坍缩、爆炸，演变为多种形态：在燃烧中形成依靠简并中子的压力与引力相平衡的致密星——中子星；或形成依靠简并电子的压力与引力相平衡的致密星——白矮星；或直接解体，走向毁灭；等等。爆炸在中密度区域多处发生，呈多点爆炸特征，并且越靠近区域的边缘爆炸越剧烈——当物质内外部能量不足以使其维持平衡状态时，便发生爆炸。

恒星变化过程中产生的质子数较多的元素，可在高速运动的中子撞击下发生核裂变反应，抛射到宇宙中，释放出大量显能量。这些丰富的元素又可在恒星爆炸中反弹，为各种形态的天体形成提供原料：为新一代恒星的诞生创造条件，与尘埃结合形成行星乃至其他天体等。

（3）低密度区域

在宇宙中的能量低密度区域，能量稀薄或处于真空状态，物质随暗能量从中密度区涌向该区域，不断聚变和分解：质子和中子剧烈撞击，聚变成氢原子核，再与电子复合成中性的氢原子，氢原子进一步结合成氢分子；氢的大量聚集和剧烈作用，使宇宙气体冷却并坍缩形成恒星，恒星发出的光可以电离周围的气体，发生分解。宇宙网在该区域仍在延伸，形成结点，堆积暗物质，暗物质再转化形成显物质，不过该区域形成的显物质比中密度区域更频繁和剧烈地发生状态变化。

当能量逐渐消耗完，各种天体向外扩张的力无法和自身引力相抗衡时，其自身或演化出的中间状态天体（如恒星演变成的中子星、白矮星，不过这些中间状态天体在这一区域较难形成）多数剧烈燃烧、爆炸、走向解体，抛射出重元素，释放出显能量。显能量进一步转化为显物质基本粒子，再转化成暗物质、暗能量，暗能量继续往外扩散，该区域的物质逐渐消失。

4. 宇宙第二次减速膨胀

随着暗能量的扩散范围不断增大，宇宙中的暗能量变得越来越稀薄，暗能量向真空扩散的表面积上每一点的作用力变小，使总体的宇宙扩张的作用力减小。宇宙网则在暗能量扩散的过程中不断增大，宇宙网结点上的暗物质向内聚集能量的作用力也持续增大。当宇宙扩张的作用力小于宇宙网的

世界本原

作用力时，宇宙发生第二次减速膨胀。

其间，宇宙中的能量较为稀薄，物质内外部能量不足以使其维持平衡状态，物质继续发生爆炸。物质的核聚变反应减弱或停止，核裂变反应占主要地位：物质从大分子分解成小分子、较大的原子，较大的原子裂变为小原子再解体为电子和原子核，原子核中最小的氢核解体成基本粒子，不再还原。

5. 宇宙第三次加速膨胀

宇宙中的暗能量继续变得稀薄，当其稀薄至无法维持暗物质的形态时，暗物质转化成暗能量，暗物质链断裂，产生剧烈的大爆炸。由暗物质链联结成的宇宙网逐渐破裂，作用力变小直至不存在。宇宙扩张的作用力再一次大于宇宙网的作用力，使宇宙发生第三次加速膨胀。

在宇宙第三次加速膨胀的过程中，除暗物质链断裂外，显物质基本粒子也逐步解体为暗物质，进一步解体为暗能量。

6. 宇宙第三次减速膨胀

在宇宙的不断膨胀中，宇宙外部区域能量稀薄至接近真空，其内部仍有暗能量、暗物质较为微弱的吸引力，该吸引力大于宇宙扩张的作用力，宇宙发生第三次减速膨胀。在该阶段，显物质解体至最终消失。

7. 宇宙坍缩

减速膨胀状态持续至宇宙中的整体暗能量密度处于极低水平，此时能量稀薄至接近真空，宇宙不再膨胀。宇宙中心区域和周围区域的能量势差低到不足以维持"宇宙墙"的形态，"宇宙墙"骤然坍塌。"宇宙墙"两面的正、负物质迅速回缩，能量相互抵消归零，宇宙便坍缩归零。

（二）宇宙中的物质

宇宙之行，遵循大道，内含规律。宇宙演化的过程中，伴随着物质的产生和演化，暗能量、暗物质、显物质及显能量四种物质状态先后产生，且相邻两者能够相互转化。

物质的产生和演化，进一步促成了生物的诞生，使生物与非生物并存，共同丰富物理世界。

1. 物质之间的相互关系

物质是空间世界灵性信息和物性信息在物理世界中的表现。暗能量直接由物性信息聚集转化而成，暗物质、显物质等均存在于暗能量环境中，聚集着部分暗能量。

在狭义上，暗能量和显能量统称为"能量"（或"能量物质"），暗粒子构成的暗物质和显粒子构成的显物质则统称为"粒子物质"。在广义上，能量是物质（包含能量物质和

世界本原

粒子物质）的一种表现形式，所有物质都蕴含能量。

各种物质相互作用，该作用是能量场之间的作用。宇宙中所有的物质都具有质量和能量，且质量是能量的一种表现形式。物质因其能量的存在会产生能量场，该能量场由物质内外聚集的所有能量组成（以暗能量为主），不同的物质因具有大小不等的质量而产生强度不同的能量场。

能量有相互汇聚的趋势，在能量场的作用下，物体之间产生相互吸引汇聚的现象，如万有引力、电磁力等各种作用力。万有引力不仅在宏观物体（如天体）上存在，在微观物质（如基本粒子）所受的作用力中依然存在，只是万有引力起次要作用或边缘作用。

宇宙能量分布的不均匀性促进了物质分布的不均匀性和丰富程度，四种物质形态通过各种作用机制生成、衰变、湮灭和转化。其中，显物质基本粒子结合形成各种元素、大分子物质，再进一步形成星系、行星、恒星等宏观物体，并为生物的出现奠定了基础。

2. 生物的诞生

空间世界的信息和物理世界深度结合，宇宙中的物质进一步演化，发生的一系列化学作用使碳基生物得以形成：由最简单的氢元素和氦元素合成碳、氧等元素及更为复杂的化合物（元素和化合物等均为"非生物"），逐渐演化出较为简单的生物——原始细胞；原始细胞借助太阳的能量进行光合作用，将二氧化碳和水转化为养分，其后才产生物理世界的灵性生命——动物和植物等较为复杂的生物。

　　灵性、物性及物理构成物理世界的万千物理形态，即非生物与生物。非生物是纯粹由物性信息转化而成的物质，依物性作用规律而存在。生物则受自然灵气的滋养，其诞生源于灵性信息、物性信息与物理实体的结合。不同生物所蕴含的灵性存在差异，通常动物之灵性高于植物，结构复杂者的灵性高于结构简单者。灵性盛者，往往能够打通自身的信息通信接口，与空间世界建立更强的联系。

　　万物共存于世，其中非生物与生物之间和谐相容：生物离不开养育它们的阳光、空气和水等非生物和物理环境，即生物的物理生命形式依托非生物和物理环境才能保持，从而成为由灵性、物性、物理、幻影属性（幻影属性是物理的延伸，在物理世界之后形成）共同构成的完整生命；生物从环境中汲取能量的同时也回馈环境。不同生物之间则彼此依存，共融共生：动物与植物相互联结，组成食物链，进行能量的交互。

　　经历漫长的生物演化过程，独特的生物——人类得以诞生。人类集灵性、物性、物理属性与幻影属性于一体，受空间世界、物理世界与幻影世界的关系作用，成为世界万千生命中鲜活的一部分，并以各种方式影响世界。

六、幻影世界

物理世界的物理信息反映到自然环境或物理生命的创造活动中，形成幻影信息，生成幻影生命，构成幻影世界。

幻影信息是物理世界中信息的延伸，由物理世界信息转化而来。幻影信息有三种表现形式：自然的幻影、人（或动物）大脑中的幻影和人创造的幻影。自然的幻影是纯粹客观的，不以人的主观意识为转移；人（或动物）大脑中的幻影具有客观和主观的双重特性；人创造的幻影是人脑中的幻影的延伸，通过各种形式表现出来，主要受人的主观意识影响。

幻影世界是物理世界的延伸，幻影生命在其中运行。人的生命内含空间属性、物理属性和幻影属性。幻影依附于能量子而存在，不占有空间。幻影世界无法直接对物理世界产生作用，可以通过影响参与其中的人而作用于物理世界。幻影世界随物理世界的坍缩归零而终结。

七、物与世界

信息于五世界内流转运化，在与时间、空间、物理实体、幻影的交融过程中外显出运行之律。信息世界与时间世界先行甚远，其间之理不可寻。空间世界、物理世界与幻影世界关联甚密，其物与世界、世界万物之联系可在信息的运转、变化中发生与显现。

空间、物理、幻影三世界之物，可作非生物、生物、幻影之分。万物诞生并运行于其所在世界，自信息演化而来并赋有各自的属性。万物之间的关系则源自其信息运行过程中所产生的联系。非生物与非生物之间的关系源自其物性信息和物理信息的联系，物性信息和物理信息的变化在物与物之间建立连接，以力的作用、能量场等形式外显。生物与非生物之间的关系源自其物性信息、物理信息、幻影信息的联系，以生态系统等形式外显。生物与生物之间的关系源自其灵性、物性、物理、幻影信息的联系，以生物链等形式外显。幻影与生物、幻影与非生物之间的关系源自其物性信息、物理信息和幻影信息的联系，以人工系统等形式外显。

信息在物理上运行并产生功能，体现为物联网这一架构。物联网之结构有三体系之分。万物信息在运行中产生联系，形成物联网之信息体系。在该信息体系中，根据不同信息在此关系网络中的主次地位和具体作用，可划分出五个信息域：用户域、服务域、管理域、传感域、对象域。每个信息域中信息运行需要不同的物理实体支撑，对应可划分出五个物理层：用户层、服务层、管理层、传感网络层、对象层。信息运行与物理实体相结合，共同表现出物联网的功能状态，由此可划分出五个功能平台：用户平台、服务平台、管理平台、传感网络平台、对象平台。信息、物理、功能三体系共同构成物联网运行体系结构，如图2所示。

在运转过程中，世间万物会产生其特定需求，当某物之需求成为推动某一关系建立的主要力量时，该物将在其物联网中起主导作用，居于用户平台。与该物相关联，提供服务以满足用户需求者，居于对象平台。居于服务平台、管理平台、传感网络平台者联通用户与对象，发挥相应的管理或服务作用。五平台各有其物，发挥着自身的独特功能，对信息进行传递、转化、管理、执行等多种形式的处理，协同保障

世界本原

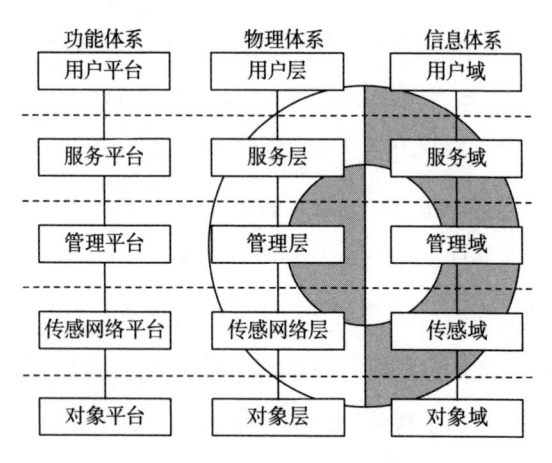

功能体系	物理体系	信息体系
用户平台	用户层	用户域
服务平台	服务层	服务域
管理平台	管理层	管理域
传感网络平台	传感网络层	传感域
对象平台	对象层	对象域

图2 物联网运行体系结构

物联网功能的完整实现，形成单体物联网闭环运行。同时，某一物也会与两个或两个以上的其他物发生联系，通常处于多个单体物联网的交织中，形成复合物联网。当联系范围进一步扩大，乃至囊括世间万物，更多的单体物联网和复合物联网交织，形成混合物联网。

以三体系为框架，以三类型为区分，世界万事之运转、世界万象之流变、世界万般之差异、世界万物之关联，皆可在物联网中渐次清晰。

八、人与世界

人对自身及所处的世界知之甚少,往往感到恐惧和无所适从:人们困惑自己是谁,对自身缺乏基本的了解使人们难以驱散蒙昧,始终生活在混沌中;人们疑惑自己从哪里来,不知来处使人们仿佛无根的浮萍,缺乏必要的安全感;人们叩问自己要到哪里去,不知去处使人们无法确定前方是否潜藏着毒蛇猛兽,从而畏葸不前;人们迷惑自己为何而来、为谁而存在,对存在意义和目的的不确定使人们难以掌控生活的方向……

正是源于人们天然的好奇心、需求和信仰,"我是谁""我从哪里来""我到哪里去""为了什么"成为人们永恒探讨的问题,寻找这些问题的答案成为揭示人与世界奥秘的必要前提。

世界本原

更多地认识人与世界，不仅能满足人们天然的好奇心、使人感到愉悦，更能增强人们的安全感、充实人们的内心，指引人们更深刻地洞察人性、文化与社会，更好地生存于世乃至顺应规律改造世界。

（一）我是谁

人类是地球亿万年演变中孕育的独特生命群体，是空间信息、物理信息和幻影信息的结合体，联通空间世界、物理世界与幻影世界。

人从空间世界而来，承载着空间世界的灵性信息和物性信息，如心灵感悟到、思想触及的某些超凡脱俗的信息通常为灵性信息，各种先于物理实体而存在的状态或规律并最终可用抽象化形式进行描述的信息则是物性信息。

人的物理形态由物性信息转化而成，在物理形态出现后物理信息也随之形成，如人的身高、肤质等均为物理信息。各种物理信息可在人们的大脑中重新组合并转化出幻影信息，元宇宙、数据空间、电影和电视影像等均为人类创造的幻影信息。

人类，既能心怀天地，致力于感应天地，体悟空间世界之灵性与物性；亦能情系万物，与万物为一体，和谐共存于物理世界；亦能激荡脑力，思及万象，创造幻影世界的各色存在。

（二）我从哪里来

人，从空间世界到物理世界中来。空间世界的灵性信息赋予人类作为生物的灵性与慧根，其物性信息则为人类赋予智能、转化出躯体。智慧相融、灵与肉相结合，人类才得以生活于物理世界。

空间世界蕴含着人类的万千信息，包罗人类在物理世界体验的过去、现在及未来即将体验之信息，为人类提供诸多可能性。

（三）我到哪里去

每个人在物理世界中生活数十载，终将走到个人生命的尽头，躯体、思想与灵魂便各有归宿。

从物性信息转化而来的人之躯体，将留于物理世界，尽归尘土。

人的思想为大脑产生的意识成果，这些思想脱离创造它的物理实体，便成为幻影生命。即便斯人已去，人们在世间（物理世界）曾留下的痕迹、创造的数字形象等也能借助其他物理实体长久地留存下来，人的生命便在幻影世界得到呈现。

人的灵性与物性本源自空间世界，潜心修行悟道、打通物理世界与空间世界通信通道之人的灵魂，将重归空间世界。

世界本原

而未能打通两个世界通信通道之人的灵魂离开躯体后,便成为游魂,在人们离世前期流连人间;其后游离在物理世界和空间世界之间,可能与灵性信息重新结合回到空间世界或与物理实体重新结合回到物理世界。

(四) 为了什么

人类这一独特的生命体,来此世界一趟,所求为何?

空间世界涵盖物理世界未发将发乃至已经发生的一切信息,在接收到空间世界的点点灵性和物性之人的启发与引导下,人们深感空间世界充满无尽玄妙。空间世界囊括物理世界的万象,人们对空间世界的探求,便是心怀万象,此为无私之大公,即"利公"。

利公之心体现为对道、德、仁、义、信(包括礼和智)的追求。人之求道,正是欲探究自然之法,不断趋近空间世界。自然万法,有所感已是难得,感而后能有所悟更是不易,悟之且能道出则是万幸。大道之下,为德。人之求德,正是欲获悉对道的正确诠释,趋近于道。德之下,为仁。人之求仁,即兼爱众生,庇护众生。仁之下,为义。人之求义①,是严格律己以满足众生的需求,奉行善和美的原则。义之下,为信。人之求信,需有礼和智从旁相协,"礼"使众生感受

---

① "义"的繁体字形为"義",从我羊,意指我把羊献给别人。

到传递出的尊重信息,"智"是对"礼"的信息把关,最终才能让众生体察此人之心诚,相信此人言必信、行必果。

道、德、仁、义、信层层转化,等而下之,人的灵性与物性也随着利公需求向下层转化而日衰,物理属性则日益增强,如人具有与他人发生联系的社会属性、获取物质资源的生物属性等。物理属性日益增强的人们活跃于物理世界和幻影世界,人们所行之事逐渐有了更为明确的对象与范围:抒发人之纯粹情感,意在利他,不以己之发展而损他人之利;情之下,人亦有欲,意在利己;在人内心的追求之外,也有人本能的驱动,以使自己得以生存且物理上获得舒适,产生物质需要。

人之所求者,谓之"需求",包含如上所述的利公、利他、利己之需求(可分别称为"利公心""利他心""利己心")和躯体的物质需求等,指引人们在各自的道路上追求。

(五)人性

需求、思想、行为构成"人性"。人之活动,感悟于内心,思索于大脑,见之于躯体。内心、大脑、躯体各有所需,共同构成人之整体需求。融灵性、物性、物理与幻影属性于一体的人类,自然而生利公、利他、利己及物质需求,此四类需求构成人性的内核。人之思想则集合于大脑,从而指导

世界本原

人的行为。

人性，乃一整体，其结构如图3所示。

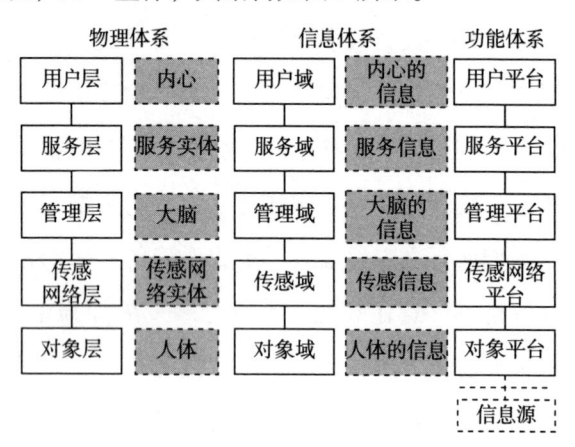

物理体系		信息体系		功能体系
用户层	内心	用户域	内心的信息	用户平台
服务层	服务实体	服务域	服务信息	服务平台
管理层	大脑	管理域	大脑的信息	管理平台
传感网络层	传感网络实体	传感域	传感信息	传感网络平台
对象层	人体	对象域	人体的信息	对象平台
				信息源

图3 人性物联网

于人而言，内心（亦称作"本心"）乃用户平台，内心所向成为人的最高指引。内心具有利公、利他、利己之需求，为大脑提供天地之道（源于利公追求）、友爱他人的善意（源于利他追求）、自尊自爱的信念（源于利己追求）等资源，制定自身的行事理念和准则。其中，内心的利公需求越强烈，越致力于探究物理世界与空间世界的关联与奥秘，通常便更容易联通物理世界与空间世界。

大脑乃人的管理平台，其职能为：服务于内心，遵循内心的指示，管理和控制人的行为，以使内心所求得到实现；管控整个人性物联网的运行，以使人协调一致、良性发展。但大脑自身具有生理（如休息需求、物质享受需求)、心理（如情感需求，偏爱或抗拒某些人和事物)、精神（如获得认同、发展等自我实现的需求）方面的诸多需求，与内心的需求可能存在差异，以致内心之所想与大脑之所控不一致。大脑需不断领悟，与内心互通，达成一致的需求与目标，从而进行自我约束、教化和引导，方能真正发挥管理职能。

人之体乃对象平台，其职能为响应内心，实施行为，对外界进行感知和控制，同时使自身的物理状态更舒适，即满足自身的物质和生理需求、心理需求等。对象平台受生物本能驱动，如其吃饱穿暖的物质和生理需求、满足能使自身愉悦的兴趣之心理需求，这些也是人自然所生发之"心"，此"心"相较于内心而言可称为"物心"，本为自然状态、无善恶之别；而当其与内心的需求、大脑的需求或他人之需求和利益相冲突时，则显现善恶（通常彰显为恶），需要管控。故人体一般受控于管理平台，执行管理平台传达的指令：在大脑支持其需求时，适度追求人体需求的满足；在大脑不支持其需求时，约束自身，调整行为。

人的内心、大脑、躯体均可对自身与外界所组成的各种信息源进行感知，既可采用显性感知方式（如人体所进行的物理感知），也可采用隐性感知方式（如大脑所进行的物性感知、内心所进行的灵性感知），从而在整个人性物联网体系中进行显性信息运行、隐性信息运行或两者交互的信息运行。完整的信息感知过程贯通人的躯体、大脑和内心，由大脑充当人的数据库进行多样化的信息处理；但信息不通过大脑、直接遵从内心而行事或遵循人体本能行事的情况也偶有发生，使人表现出与平时不太一样的心性。

人之内心、大脑、躯体的需求不断交互，构成复杂的人性，使人们表现出个体差异，彰显世界的复杂多元。

（六）文化

人类个体的灵性、物性、物理属性与幻影属性，驱动人们相互交往和依存，在相互关怀中获得情感的满足，在集体活动中体会安全感与成就感，在生活必需品的交换中改善生存与生活质量，从而逐渐聚集形成人群。

人群基于共同需求开展各类社会活动，从而形成文化。文化，即人们的共同需求与实现需求的方式、方法及其文字化表现的总和。为实现需求，人们须对其进行感知与控制，对其宏观实践形式进行思考，从而形成"需求的实现方式"，其乃需求的自然延伸。实现方式之下，是人们为了实现需求所采取的更具象的行为模式、技巧、手段等，即需求实现方式的具体化——称为"需求的实现方法"。将人类群体的活动（表达需求、选择需求的实现方式和实现方法等）与自然万物或其他要素相关联，以文字、符号、图画、影像等代码形式使之具有意义、变得可存储和可传播的过程，称为"文字化"。此四者共同构成完整的文化体系。

文化可分为群体文化和组织文化。其中，群体文化是人群自动自发形成、组织性较弱、非正式的文化。群体文化物联网的结构如图4所示，拥有共同需求的群体形成用户平台，群体中拥有代表性作用和管理授权的人员形成管理平台，受到文化影响的众多个体形成对象平台。

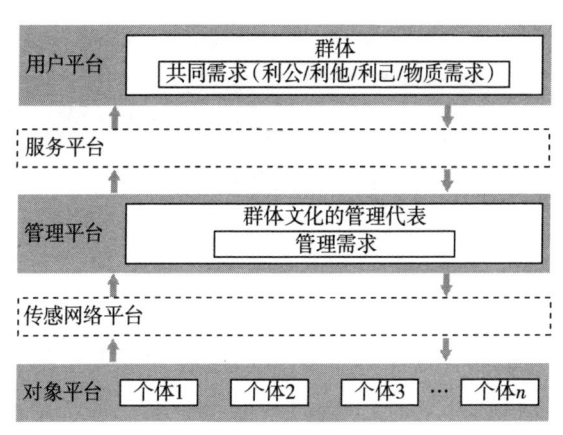

图4 群体文化物联网

组织文化是人群的共同需求随着发展阶段的推进、环境的变化而改变，所形成的体系化更强、形式更多样、对组织内人群约束力更强的文化。组织文化物联网的结构如图5所示，拥有组织发展所需资源、提出主导性需求的人员或机构形成该文化物联网的用户平台（称作"组织文化的主导者"），由用户平台授权对文化进行管理的主体（称作"组织文化的管理者")形成管理平台,受到文化影响的组织成员形成对象平台。

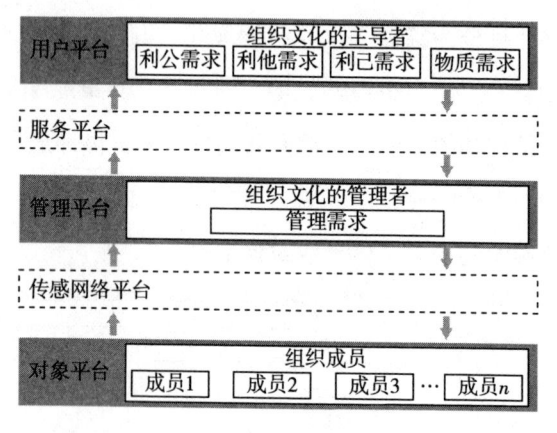

图5 组织文化物联网

(七)社会

社会,形成于人与人的互动过程中。人们基于一定的需求和文化进行互动,建立合作、交换、竞争等多种社会联系。

社会是众多个体广泛联结的人类命运共同体,亦是一个巨大的物联网,其结构如图6所示。在社会这一物联网中,社会的主导者为用户平台,社会的管理者为管理平台,社会中的每个个体或组织为对象平台。

社会由主导者、管理者、对象三类主体共同构成,是各主体需求的综合体现,亦是主导者需求的集中体现。

```
用户平台      社会的主导者
  ↕
服务平台      服务通信通道
  ↕
管理平台      社会的管理者
  ↕
传感网络平台   传感通信通道
  ↕
对象平台      个体/组织
```

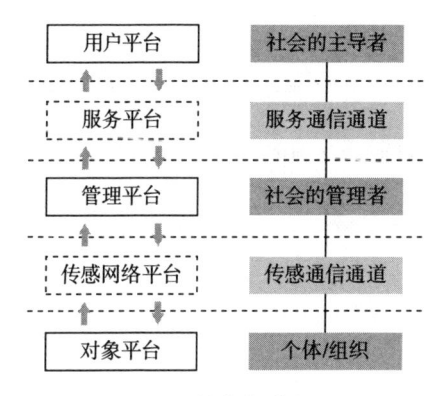

图6 社会物联网

社会的主导者，拥有其他主体所需的资源，凭借资源拥有对其他主体的影响力、话语权或支配权，受到其他主体的支持和拥戴。社会主导者所拥有的共同需求往往构成社会的主导性文化，社会制度、规范在此文化的基础上建立和运行，社会活动依照这些共建共享的文化、在文化的指导下建立的制度与规范等开展。

社会的管理者为主导者（用户）授权的管理主体，可以是用户中的某些代表或用户代表所选任的人员。管理者依照主导者的意愿管理社会，依据社会主导性文化、在文化的指导下建立的制度与规范履行管理与服务职能，促进社会和谐运行。

社会中的每个个体或组织是社会的重要参与者，从用户平台获取自身发展所需资源，接受管理平台的管理，开展丰富的社会活动，在服务于用户平台的同时也服务于自身，满

世界本原

足自身的需求。每个个体或组织随着社会分工的不断细化、认识水平的不断提升,能够借助更多元的活动形式,满足自身与用户平台日趋多样化的需求,推动社会物联网不断发展和丰富。

下部

象

一、概述

"象",原指大象一兽,《韩非子·解老》中记载"人希见生象也,而得死象之骨,案其图以想其生也,故诸人之所以意想者皆谓之象也","象"便引申为相似于本体的外化表现、事物的表象。换言之,"本"是无物之"象","象"是有状之"本","本"与"象"同源,两者相互依存,皆是世界本原的一部分。

世界之万千现象,或复杂,或相对简单;或自然存在,或人为创造;各不相同,但也多有关联,无出其本。下部第二至第十篇,每篇涵盖人们颇为关注之一十二问,共计一百零八问。"信息篇""时间篇""空间篇""物理篇""幻影篇"之现象,与五个世界一一相应;"神秘篇""梦也篇""缘因篇""命运篇"之现象,则是多个世界交互作用之

世界本原

结果。

人们所疑为鬼神之作用者,或非鬼神之实质,人们可敬畏天地之造物神奇,然不可耽于鬼神之灵异。睡梦中之洞见未来、回溯过往,有可信、可行者,亦有不可信、不可行者,梦境再美,尤需奋斗方能在现实中实现。世间因缘际会,有时因果相连,有时有缘无分,有时因缘已来而人们却错过。人乃天生地养、集自然之灵性与物性的存在,既有既定之运行轨迹,亦能在拼搏奋斗中变更轨迹。故"神秘篇""梦也篇""缘因篇""命运篇"所展现之象,只为破除迷信、宿命论等看法,引发人们思索其本质,明晰自身努力之作用,以更好地认识世界。

本部末两篇题为"人类对世界的认识"和"人类对世界的改造",明确阐述人们探索世界所付诸的努力,如神学、哲学、数学、科学等学科领域均是人们认识世界的其中一种方式,各自为人们认识世界、改造世界提供了一把钥匙,打开了一扇窗,无分优劣,但凭人们撷取,以增进对自身与世界的了解。

二、信息篇

1. 如何看待真理？

"真"，谓回归本质，后引申为真实。"理"，谓加工玉石也，引申为经由剖析、处置使之完善，彰显其"里"。"真理"即真实、有道理，是指一切存在及其运行的规律。

信息世界、时间世界、空间世界、物理世界和幻影世界都有各自的真实存在。五个世界的真实存在形式不一，彼此之间未必能感知到对方是真实、客观的存在，如空间世界之存在，在物理世界未必被感知为"真"，但在空间世界是"真实不虚"的。人们对世界的感知有局限性，对真理的认知便有局限性，以致对真理的掌握是相对的。

世界本原

五个世界的真实存在皆有其运行的规律，此规律既有统一性，又有差异性。统一性体现于它们都是世界之客观存在，从信息世界依次演化出其他世界，五个世界相依相伴、恒久交互；差异性体现于五个世界的规律各具独特性，物理世界有实物，时间世界不占有空间，空间世界却有时间属性，等等。

与五个世界相对应，人们对真理的感知方式也是多种多样的。一般而言，人们通过物理实体感知的只是真理的一部分。此外，人们还能通过直觉、预感等方式进行感知。

2. 为什么说"道生一，一生二，二生三，三生万物"[①]？

世界源起于"道"。此"道"为世间万事万物的运行规律和法则，即信息。道无穷无尽，无始无终，周流于万物之间。一切事物都依"道"而生，倚"道"而存。

道，创生万法，涵养万象，滋润万物，意即信息推动各个世界的逐级演化。信息周流于万物之间，萌发、保持事物之间的联系、因缘。

信息的运行，产生信息世界，谓之"道生一"。

信息不占有时间，但信息世界的信息在时间中的运行能

---

① 出自老子《道德经》第四十二章。

产生时间信息，形成时间世界，谓之"一生二"。

信息和时间均不占有空间，但时间世界的信息与空间结合能产生空间信息，形成空间世界，谓之"二生三"。

空间世界的信息（尤其是物性信息）演化出万般物理形态，万千物理形态构成物理世界，谓之"三生万物"。

3. "空"与"色"① 的关系是什么？

"空"，乃空间世界存在的现象，囊括了空间世界的万千种变化。空间世界所发生的事件反映在物理世界便是"色"，色乃物理世界存在的现象，即接收到的空间信息的显发，如物理世界之山河、大地、花草、房廊、屋舍等。

因物理世界之一切信息都在空间世界有迹可循，色源起于空，色皆在空里，所以说"色不异空""色即是空"。

于人而言，空间世界的玄妙不易参透，在具备接收空间信息的能力时方能领悟一二，领悟到空是超脱于物理世界之上的一种灵明。空不占有物理空间，能通过物理形式表现出来，空便在物理世界每一色中，所以说"空不异色""空即是色"。

---

① 出自《心经》："色不异空,空不异色;色即是空,空即是色。"

世界本原

4. 什么是"渐悟",什么是"顿悟"[①]?

"悟",从吾之心,既指人心从外界获得深知,万物入心;又指人心所思能联通世间万物,心应万物。决定人行为的重要因素之一是"心"[②],其中内心是用户平台;物心即躯体,是对象平台,执行行为、进行感知和控制。在内心与躯体之间发挥协调、控制和管理功能的是"大脑",大脑是管理平台,是人们学习、剖析和归纳外界知识与其他纷繁信息之所。

渐悟与顿悟均涉及信息由外界最终进入人的内心的路径以及人性物联网的结构。

"渐悟",是人们自下而上逐步调整物联网中各个平台的通信接口,打通信息通道,使内心能够最终接收世间信息之状态,遵循如图7所示的路径。

渐悟遵循完整的人性物联网运行路径,信息运行过程较为缓慢,需由躯体感知世间万物(世间万物所含之信息构成"信息源"),并不断跨越通信障碍,经由传感通信通道、大脑、服务通信通道的层层领会和细细揣摩传达至内心,最终心领神会。其中,由大脑至内心的信息转换尤为艰难,原因

[①] "顿悟"出自《六祖坛经》:"自性自悟,顿悟顿修,亦无渐次,所以不立一切法。"
[②] 单独称"心"或"人心",均包括内心(本心)和物心(人体之本性)。

有三：其一，大脑本身存在通信壁垒，首先要突破自身的通信障碍，最大限度地打开通信接口，才能更好地联通其他平台；其二，大脑需打通自身与服务平台的通信障碍，使自身与用户平台（内心）之间的通信桥梁发挥应有的作用；其三，大脑还需要兼顾自身和各平台的需求，而其他平台的需求往往和内心的需求存在差异，减小这种差异方能达到良好的通信效果。因此，人们需要不断自察、自省、自修，逐步削弱大脑与内心之间的通信障碍，方能转换为易于通信的状态。

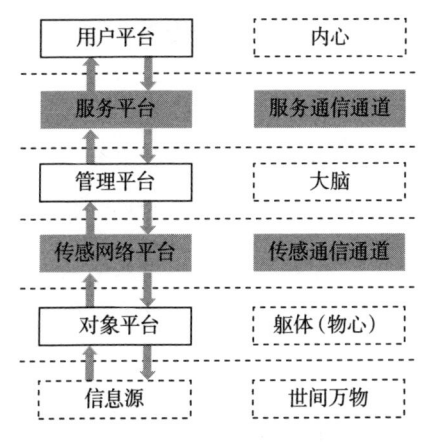

图 7　人之渐悟（遵循完整的人性物联网运行路径）

"顿悟"，是世间万物不经由大脑思索便能直接入心之状态。顿悟是灵光的乍然涌现、心门的骤然打开、对世界认知的突然开悟。换言之，顿悟是信息无须经由大脑接收而传达至内心的信息运行方式，它包含如图 8 所示的两种组网方式。

世界本原

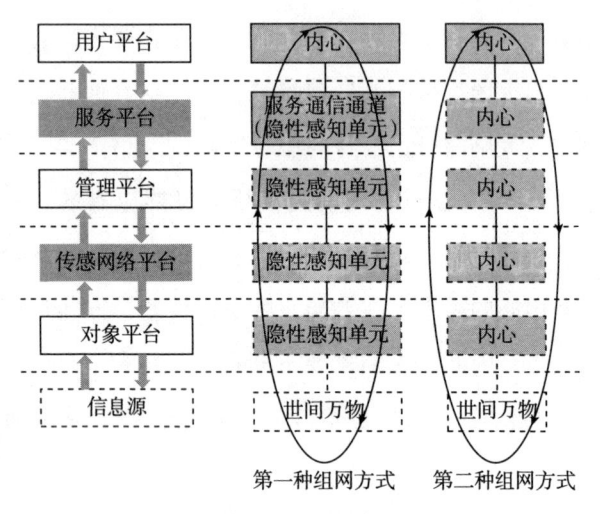

[图示:人之顿悟的两种组网方式]

图8 人之顿悟

第一种组网方式始于内心之外的隐性感知单元的感知，人的隐性感知单元接收世间万物所含之信息，信息经由服务平台达至内心，即信息源、人的隐性感知单元（服务平台亦由其充当）、内心三者之间组网。将人的感知单元调整、转换为易于通信的状态，便能使内心接收到外界信息。

第二种组网方式源于内心的隐性感知，外界信息直接与内心组网，亦即内心直接承担了其他平台的功能。内心的信息接口不断转换，在条件合适时便能对外界直接产生感应，外界信息便交互于心。

渐悟与顿悟之间可发生联系，顿悟之信息除不经大脑直接获得外，还可经由渐悟过程慢慢积累，在慢慢领悟的结果之上，顿生更深层次的大彻大悟。

5. 如何看待"相由心生，境随心转"？

"相由心生，境随心转"诠释了"心"分别与"相"和"境"之间的组网关系。

地之可观者莫如木，人之可观者莫如面，此皆谓之"相"。相在皮，在骨，更在心：在皮与骨，为物理之显现；在心，为灵性信息之显现。相是躯体的组成部分之一，是人的其中一个对象平台，受用户平台——心的影响，如图9所示。

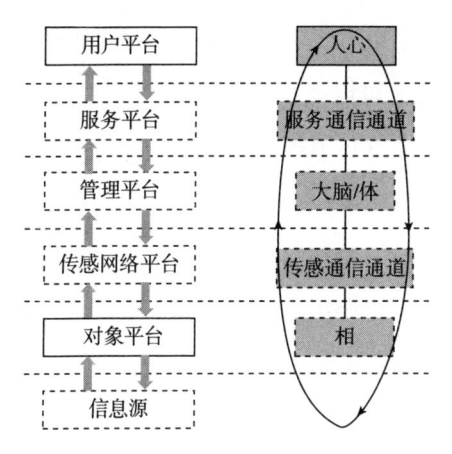

图9 相由心生

"相由心生"包含以下几种情况。一是美善之相与良善之心同时被他人感知到：人心满怀善意，大脑亦生善念，对象平台展露良善之相，即呈"善心—善相"之状态。二是良善之心被他人感知到，凶恶之相发生少许改变或几乎没有改

世界本原

变：人心虽善，对象平台却非常强大——天生面相凶恶，长期行善，令相貌变得稍微柔和；抑或此人的相貌依然凶悍，但他人用心去体察和感受，发现了该凶悍的相貌下潜藏着"善"的讯息，即呈有些人所认为的"善心—恶相"之状态。三是凶恶之相与邪恶之心同时被他人感知到：人心满含恶意，大脑中产生恶念，对象平台展露丑恶之相；抑或人心邪恶，大脑并非实际约束内心想法从善，只是想粉饰和掩盖其恶，在短时间内展露"内心善良"的假象，但其"恶"的讯息依然会流露出来，被人们感知到，即呈"恶心—恶相"之状态。四是凶恶之相与清醒之大脑（有些人误认为是"心"的作用）被他人感知到：人心虽有恶念，但大脑保持清醒、遵守社会规范，避免心中想法流露、转化为物理现实，极力塑造善良、正直等形象，对象平台便在大脑的管控下呈良善之相，即呈"恶心—善相"之状态。

"相"有实体之相，亦含信息之相；"境"亦有实体之境（外界万物及其所处之环境）与信息之境（思想境界）两重意蕴。

心与"境"之间相互影响，常有"境"随心转（即实体之境受到心的控制）与境随、心转（即实体之境一直伴随，人心做出相应转变，改变了信息之境）两种情况，如图10所示。

情况一，人与实体之境组成物联网，人们在能力范围内，

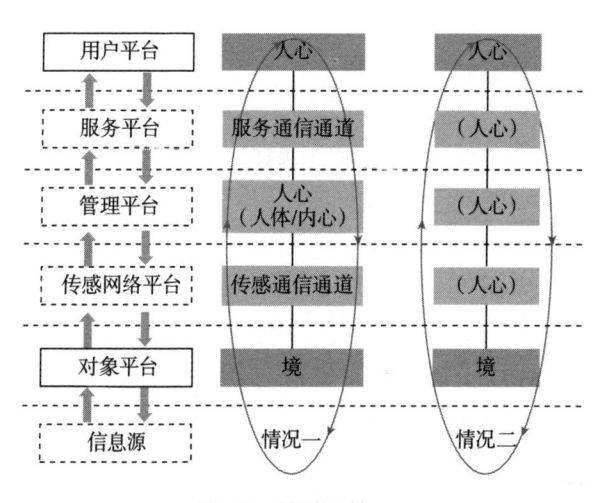

图 10 境随心转

遵从心中的想法改变环境，其中人心是用户平台，人体和心均可作为管理平台，境是对象平台。"境"中所蕴含的信息被人体感知到，人体传导信息、管理信息，同时心也做出思考并最终做出决策，作用于环境。

情况二，人之心直接与境组成物联网，从用户平台至传感网络平台均为心，对象平台则是境。"境"中所蕴含的信息同样被人感知到，人心洞悉该环境无法改变或无须改变，只需接纳它、适应它，任它存在于此，便改变自身的思想境界，使之与环境共存时更加从容、淡然。心念一转，所见之境便随之改变，此境往往包含实体之境与信息之境。

6. 如何看待心电感应？

两个人没有经过约定或接触而感受到相同的情绪、做出相同的行为、产生相同的梦境等，被人们称为"心电感应"现象。

"心电感应"是一种量子通信，发生在两个具有相同感应机制的量子之间。人身上有无数个量子，进行感应的两个量子的通信机制是完全相同的。两人的感应量子的通信机制相同，信息经由相同的通信机制反馈到大脑，从而使不在同一地点、见不到彼此、不经言语交谈的两人同时接收到某些信息或能够互相传输信息，感受到对方的情绪、心理状态等。

相处时间长可诱发两个感应量子间的编译解码机制趋同，使两个量子的通信接口、通信参数、通信频率及信息编译规则等逐渐调整到一致，进而使解码出来的信息能够被人们接收到。

这种具有相同感应机制、编译解码机制趋同的量子多出现在双胞胎，有血缘关系的父母与子女，关系亲密、缘分匪浅的夫妻间。其中，双胞胎之间的心电感应现象被记录和流传得最多，不少双胞胎都有可以同时感受到彼此痛苦的体验。

7. 人们熟悉的感知方式有五感，第六感是什么？

视觉（眼）、听觉（耳）、嗅觉（鼻）、味觉（舌）和触觉（皮肤）这五种身体感知方式称为"五感"，通过五感之外的渠道预知将要发生的事情则俗称"第六感"或"预感"。许多人相信并产生过第六感，即对某件事突然产生的预感，且这种预感不知从何而来，自身觉得既没有逻辑，也没有前因后果。

人具有物理感知、物性感知和灵性感知三种感知方式，物理感知为显性感知，物性感知和灵性感知通常为隐性感知。五感是人体的物理感知方式，信息通过打通人体各个平台进入人的大脑或内心，形成知觉；第六感则是人体的物性感知或灵性感知方式的表现，信息不经过身体感官便可直接进入人的大脑或内心，如灵光乍现、突如其来的对已发生或未发生事物的认知，并且第六感能够感知到极其细微的现象或其中隐藏较深的信息。

人通过第六感所接收到的信息，可能是空间信息，该空间信息通过确切的对象、形态、地点、时间或事件等物性信息形式表现出来；也可能是未知的物理信息进入人的大脑或内心；还可能是一种错觉（幻影信息），人们过去接收到的某些信息对人产生了一些影响，使人在特定情境下产生了突如其来的联想，从而以为是接收到了未知的信息。

世界本原

人通过第六感所产生的认知或预感不一定能在物理世界中发生,并且人所持有的信息验证和处理机制的差异会影响其第六感的强弱程度。通常来说,对信息的验证机制越强,越重视信息的内在逻辑,第六感越弱,如高度重视理性处理机制的人群;反之,信息验证机制较弱,更加依托感性认知的人群,更容易打开许多隐性感知接口,第六感更强,如历史上具有通灵功能的巫师、占卜师等,更常见于感性认知强的女性中。

8. 如何看待九方皋相马时能不看外表和性别就辨识出"天下之马"(马冠绝天下的特质)的现象?

"九方皋相马"的故事出自《列子·说符》[①]。伯乐以善马而闻名天下,国君秦穆公担心其年迈而后继无人,伯乐说其族人中只能够通过"形容筋骨相"而辨识一般的"良马",便推荐能辨识"天下之马"的九方皋,因此秦穆公托九方皋寻马。九方皋根本不看马的颜色和性别,经三月便寻得此马。秦穆公问起是什么样的马,九方皋"信口雌黄",将明显是"牡而骊"("黑色的雄性")的马说成是"牝而黄"("黄色的雌性"),引发秦穆公不悦。最终,该马被证明

---

① 《列子》又名《冲虚真经》,全书共 8 篇,134 则,始以《天瑞》,终以《说符》。内容多为民间传说、寓言和神话故事。

确实是冠绝天下之马,令秦穆公和伯乐等人信服。

伯乐赞叹:"若皋之所观。天机也。得其精而忘其粗,在其内而忘其外;见其所见,不见其所不见;视其所视,而遗其所不视。"九方皋相马,注重物理实体(马)上隐性信息的状态和人不易察觉的显性信息,善于体察物理实体之灵性与物性,故而能一眼看到马的本质;常人则限于识别物理信息,容易被纷杂的表面物理信息干扰,进而干扰内心的隐性感知。

马的"牡而骊"或"牝而黄"均是其物理信息的一种体现,通过眼、耳、口、鼻等身体感官便能了解;"天下之马"的特质则是其灵性、物性与物理属性结合的体现,无法直接通过人的身体感官而获取,通过内心专注的感知、体悟世界所蕴含的规律方能获取。

9. 如何看待"精诚所至,金石为开"?

汉代王充的《论衡·感虚篇》中载:"精诚所至,金石为开。"该句也与李广射石的故事有关联:西汉名将李广精于骑射,一次外出打猎时误将巨石视作猛虎,用尽力气射去,箭矢没入巨石中,李广察觉后惊诧不已,再次尝试却无法将箭矢射入石头中;人们对此事也深感疑惑,后来西汉学者扬雄评价道,由于李广射虎诚心实意,再坚硬的石头也会被感动。扬雄的评论也作为此句的释义流传至今,人们便认为金

世界本原

石也有灵性，金石的灵性生命感受到了人的诚心就会被感化。

"精诚所至，金石为开"描述的是人与金石之间的通信关系。人是集灵性、物性、物理属性、幻影属性于一体的生物，具有多种通信方式；金石为不带有灵性的显物质，其通信方式无法超越物性，最多达至一种物理和物性的"感化"，转变成能够通信的状态。

人与物之间的通信方式差异巨大、阻碍重重，故而需要"精诚"。"精诚"，便是调整通信状态，用金石的物性方式与之沟通，不断破除通信障碍，畅通人与物之间原本闭塞的通信通道，用物性信息的变化达成金石物理状态的变化。

天下万事，皆如金石，"精诚所至，金石为开"亦可比喻克服一切困难之事，人不断调整通信接口，使自身更加接近对方所特有的通信特征或状态，最终都将达到化解通信困境的状态。

10. 为什么人的预感有的准确、有的不准确？

在生活中，有些人在未来事件发生前可以产生一种感觉或预知，并且这一预感可以非常准确，帮助自己在事情发生之前做好应对措施；而另一些人的预感则并不准确。从本质上说，预感是人们在物理世界与空间世界之间产生的联系。

"预感准确"是指空间信息在物理世界发生，"预感不准确"则是指空间信息在物理世界不发生。人的预感准确与否，取决于其与空间世界联系的强弱、其产生的预感所反映的空间世界和物理世界之间联系的强弱。在物理世界中所存在的万物信息流转、人事物的机缘巧合及发展方向等在空间世界早已发生过、经历过，处于物理世界的人们如果能与空间世界建立强联系，就更容易获得空间世界的信息，所预感的事件在物理世界发生的可能性就较大；反之，与空间世界建立的联系较弱，便较难获得空间世界的信息，所预感的事件在物理世界发生的可能性就较小。

人们可以通过梦境、直觉等方式对未来事件产生预感。梦境是人们与空间世界之间产生了强联系而获取到新信息，该梦境对于做梦之人来说便拥有对未来进行预知的可能性，且事件在物理世界发生的概率较大。直觉是一种自然状态下获取的隐性信息经快速处理形成的感觉或认识。隐性信息分为三类：一是通过内心感知的灵性信息；二是通过大脑感知的物性信息；三是通过人体感知的不明显的物理信息。人的直觉有时也可以帮助人们做出判断或选择，所以常常也被认为是一种预感能力：直觉较强之人，拥有与空间世界的强联系，能获得较多空间信息；直觉较弱之人，与空间世界处于弱联系状态，获得的空间信息较少甚至无法获得。

人们也常常把幻觉当作一种预感，但其本质为幻影，是物理世界中信息的重新组合，不具有预知性，这种所谓的"预感"不会在物理世界发生,甚至可能与物理世界实际发生之事背道而驰。

11. 如何看待"得意忘形"?

"得意忘形"在现代语境中被用作形容人"稍有成就便高兴得忘乎所以,不能保持端庄姿态"。追本溯源,"得意忘形"一词最早见于《晋书·阮籍传》中所载的"嗜酒能啸,善弹琴。当其得意,忽忘形骸",是心有所悟、神有所感后超于物外的一种畅然状态。

意,是事物内在运行状态的信息,塑其本质,显其灵性,藏于世间万象里,通过目视、耳闻等方式往往难以领会。形,是事物外在表现状态的信息,依存实体,化于万象,通过五感便容易获取。

意与形,呈现出世间万物之物理形态、物性与灵性的不同层面。能对形有所认识是人们的常态,感受意则需超越物象所呈现的外在特征而观其本质,体悟其内在的运行规律。

无论是得物之意、忘己之形(如阮籍),还是得物之意、忘物之形,都需穿透表象掌握世间万象内在的运行信息,放弃对外在形态的执着。

12. 如何看待"哪壶不开提哪壶"的现象？

民间有句歇后语"茶馆里不要的伙计——哪壶不开提哪壶"①。"哪壶不开提哪壶"被引申为说话冒凉腔，说不该说的话，做不该做的事。

"哪壶不开提哪壶"的信息内容，往往由于不合时宜而偏向于负面，是人们（听者）不愿意听到的；在信息传递过程中，涉及言者（发出者）和听者（接收者）两方。

言者说出不合时宜的话，既可能是无心之失，也可能是有意为之。"无心之失"的情况，或为言者突发奇想，将接收到的多种信息在一瞬间表达出来，未来得及经大脑细想；或是言者缺乏察言观色、综合判断形势及组织语言的能力，经过思考后所说的话依然不中听。而"有意为之"的情况，则是言者故意为难对方，说"不着边际"的话。

---

① 出自以下民间故事：传闻有父子俩开了间小茶馆，由于店主热情、和气、诚恳且实在，加上水沸杯净，小茶馆越办越兴旺。贪财好利的知县白老爷，整天不掏钱去吃大鱼大肉，吃足了便到小茶馆来喝茶。他一人占一桌，不仅骂骂咧咧，还要花生米、豆腐干什么的就嘴儿，茶喝够了就扬长而去。白老爷天天来白喝，父子俩只好忍气吞声。不久，小茶馆的老掌柜病倒了，便让儿子司炉掌壶，应付生意。这几天，白老爷一端起茶杯，就龇牙皱眉地说："这水也没开，茶也没味儿。"小掌柜说："老爷，茶，还是天天为您准备的上等龙井；水，还是扑腾扑腾烧沸的开水，怎么能没味儿呢？"过了几天，白老爷来得少了；又过了几天，白老爷渐渐不来了，小茶馆又恢复了往日的兴旺。老掌柜病愈后，便问儿子："白老爷为什么不来了？"儿子机灵地一笑，说："我给他沏茶，是哪壶不开提哪壶！"

世界本原

感受到"哪壶不开提哪壶"冲击力的往往是听者。听者对于越是害怕听到的某些负面信息,关注度越高;注意力越集中,越是积极地调节通信机制使之与信息进行匹配,从而体内就有越多能量冲击其通信接口,越容易使自身的通信接口打开;事情便更容易发生,自身的感受也会更加强烈,感到自己心中所惧之事果然应验了。

三、时间篇

1. 时间是什么?

时间是信息的一种表现形式,信息世界的信息运行形成时间。时间客观存在,不因空间、物理的变化而变化,充满空间且不占有空间。

时间不能为人所感知,人之五感,形、声、闻、味、触,无一可感时间。空间世界、物理世界没有时间信息,但有表现时间的物性信息,体现为物理变化,在物理世界昭示时间流逝之实,成为人类间接认识和利用时间的媒介。天文历法、四时节气、文化序列,人类文明对于时间流逝的描述,皆来自物性信息的运行规律。

世界本原

表现时间的物性信息在物理世界无处不在,于是万事万物总在变化之中。事物的变化是物理变化,时间恒常运行,亘古不变。

2. 时间的运行轨迹是唯一的吗?

时间在信息世界以信息形式存在,信息无处不在,时间亦是。

信息世界的信息运行形成时间,时间线不唯一,以形成自身的信息为原点,无限延伸,如图 11 所示。时间线之间相互独立,互不干扰。信息世界的信息运行并延伸,与时间结合形成时间信息,时间信息运行产生时间生命,进而形成时间世界。每条时间线形成一个时间世界,故时间世界的时间运行轨迹唯一。

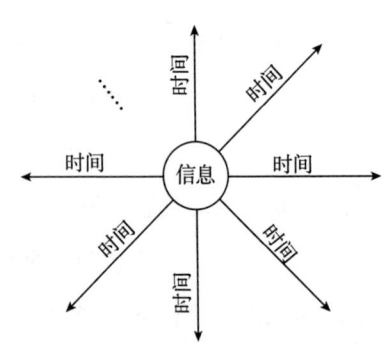

图 11 信息世界的信息形成时间

空间世界形成于时间线上,每条时间线上可形成多个空间世界，每个空间世界只对应一条时间线，因此时间在空间世界的运行轨迹唯一。物理世界、幻影世界存在于空间世界，时间在物理世界和幻影世界的运行轨迹自然也唯一。

3. 时间是连续的还是离散（可分割）的？

时间一经形成，便连续运行。

在信息世界中，时间以信息形式存在，没有连续或离散的属性。信息形成时间，时间在时间世界、空间世界、物理世界、幻影世界连续运行。

连续，即相连、接续。物质永恒运动、变化，是连续；物性信息运行不止，是连续；时间线无限延伸，亦是连续。表现时间的物性信息连续运行，体现为物质的永恒运动，变化的持续性、顺序性。

物理学中有时间的最小尺度，看似时间离散，实则是人类的观察和测量手段可触及的时间尺度存在极限，并非时间本身性质的体现。

4. 时间有没有起点和终点？

信息世界的时间以信息形式存在，无谓起点和终点。

信息运行形成时间线，此为时间起点。时间生命聚集形成时间世界，此为时间世界的起点。时间线一经形成，便向无穷远无限延伸，无休无止，没有尽头，时间和时间世界均无终点。

时间世界、空间世界、物理世界、幻影世界中,时间没有起点和终点,但与时间相关的物理信息运行有起点和终点,也是人感觉中的时间起点和时间终点。

5. 时间是相对的还是绝对的?

时间在信息世界以信息形式存在,是相对的。时间世界不唯一,时间在时间世界也是相对的。

时间在空间世界、物理世界、幻影世界是绝对的。光阴者百代之过客,无论空间世界、物理世界、幻影世界如何形成、消泯,其间万象如何变幻更迭,时间客观存在,连续运行,不受影响。

人类时而认为自身感知的时间具有相对性,此为大脑对时间信息处理机制的个体差异所致。人们感知的"时间"分为两类:一是关于时间的物性信息,二是关于时间的灵性信息。

(1)关于时间的物性信息:任一物性生命上都有关于时间的物性信息运行,物理实体因之变化。地形抬升、日月交替、花开花谢,物性信息的运行被大脑隐性感知,形成人对"时间"的感觉。人们认识并运用其中物理实体的变化规律,可形成关于时间感觉的共识。

(2)关于时间的灵性信息:灵性信息存在于空间中,亦寓于生物之中。关于时间的灵性信息被心隐性感知，形成人对"时间"的感觉。灵性信息有其自身逻辑，不具备物性信息的逻辑性，人们形成的感觉中，时间便可长可短、可快可慢。

一旦辨清所谓感知的"时间"本质为关于时间的空间信息，便知时间本身特性与此无关。时间在信息世界和时间世界是相对的，在空间世界、物理世界、幻影世界均是绝对的。

6. 双胞胎年轻航天员，一个留在地球；一个以接近光速的速度远离地球进行宇宙飞行，15 年后（以地球时间计算）回到地球。二者谁更年轻？

双胞胎中进行宇宙飞行的一人是否比留在地球的一人更年轻的话题获得广泛关注，源于爱因斯坦的理论和朗之万对其的诠释。爱因斯坦于 1905 年发表了关于狭义相对论的第一篇论文《论动体的电动力学》，其中推导出时间延缓方程 $\Delta t = \dfrac{\Delta t'}{\sqrt{1 - \dfrac{v^2}{c^2}}}$，因 $\sqrt{1 - \dfrac{v^2}{c^2}} < 1$ 而有 $\Delta t > \Delta t'$，即静止体系中测得的时钟读数大于运动体系中测得的时钟读数，从而得出"运动的时钟比静止的时钟走得慢"这一结论。法国物理学家保罗·朗之万于 1911 年为驳斥狭义相对论，提出以下思想实验：A 和 B 是一对双胞胎，A 在地球上，B 以接近光速

世界本原

的速度旅行到遥远的恒星后又以同样的速度返回地球；当双胞胎团聚时，在 A 的参考系中，B 是运动的，B 必然更年轻；但在 B 的参考系中，A 是运动的，A 必然更年轻。

"双胞胎中进行宇宙飞行的一人是否比留在地球的一人更年轻"探讨的是宇宙飞行中经历的时间与地球上经历的时间是否不同的问题。实际上，双胞胎中进行宇宙飞行的一人与留在地球的一人，两者之间存在运动速度、能量以及钟表对时间的测量差异，而不存在时间差异，年轻程度与宇宙飞行没有关联性。

（1）运动速度，是通过表示时间（t）和空间（s）的物性信息来表达的一种物理信息，反映一个物体的能量状态。速度的表达公式往往为 $v = \dfrac{s}{t}$，即运动物体发生的空间距离变化与所用时间的比值。该公式中的时间和空间距离均为客观存在，时间信息在空间世界转化成空间信息，以物性信息（代码）的形式表现出来，才得以被生活于物理世界的人们接收到；空间距离亦从空间世界经由物性信息（代码）的形式在物理世界表现出来。速度的变化不会导致时间和空间距离本身的变化，但能导致物体能量状态的变化。运动状态中的钟表计量的时间值为 $\Delta t'$，相对静止状态中的钟表计量的时间值为 Δt，两个钟表因为运动速度不同，产生能量状态的差异，从而使计量结果出现差异，这些变化均属于自身物理状态的变化,而非客观时间的变化。因此,"运动的时钟比静止的时钟走得慢"只说明了时钟计量的快慢,并不表示时间本身的快慢,由物体的运动速度 v、光速 c 以及钟表对时间的测量值 $\Delta t'$ 与 Δt 推导出的时间延缓方程 $\Delta t = \dfrac{\Delta t'}{\sqrt{1-\dfrac{v^2}{c^2}}}$ 不成立,不能说明客观时间发生了延缓效应。

(2)爱因斯坦提出的质增方程 $m = \dfrac{m_0}{\sqrt{1-\dfrac{v^2}{c^2}}}$ ①(式①)和质能方程 $E = mc^2 = m_0c^2 + E_k$ ②(式②)本身证明了运动速度越快的物体,其能量越大,能够导致钟表的计量状态发生变化:式①反映运动物体的速度越快,其运动时的质量越大,运动速度对物体的动质量产生影响;式②反映物体运动时的质量越大,其能量越大,质量状态对能量状态产生影响;式①和式②相结合,得到 $E = \dfrac{m_0 c^2}{\sqrt{1-\dfrac{v^2}{c^2}}}$ (式③),其中 m_0 和 c 均为常量,只有 v 这一变量,直接表明物体的运动速度 v 能导致能量状态 E 的变化。爱因斯坦的质增方程和质能方程进一

---

① m_0 为物体的静质量、m 为物体的动质量,该方程说明物体的运动速度越快,运动时的质量越大。
② m_0 为物体的静质量、m 为物体的动质量、E 为物体的总能量、E_k 为物体的动能,该方程说明运动时的质量越大,能量越大。

步表明钟表计量的时间值变化反映的是钟表能量状态的变化,而非客观时间的变化。

综上,钟表的计量结果差异不能说明客观时间存在差异,时间延缓效应不成立,是否进行宇宙飞行不会对双胞胎的年轻状态(所经历的客观时间)产生影响。

7. 是否可以用勾股定理推导时间延缓方程?

基于爱因斯坦提出的"时间延缓方程" $\Delta t = \dfrac{\Delta t'}{\sqrt{1 - \dfrac{v^2}{c^2}}}$,有人这样进行推导:假设有一个高度为 h 的火车车厢,相对于地面以速度 v 水平向右做匀速直线运动,在火车车厢底部的 A 点处有一光源竖直向上发出一束光,光束经车顶 B 处的反射镜反射到 A 点的接收器(如图 12 所示);将 A 点处发光作为事件 1,A 点的接收器接收到光作为事件 2,在地面上建立 S 参照系,在火车上建立 S' 参照系。则在 S' 参照系中两个事件的时间间隔是同一地点 A 测量的,为时间间隔 $\Delta t'$,且有 $\Delta t' = \dfrac{2h}{c}$。

在 S 参照系看来,火车是以速度 v 匀速向右运动的,如图 13 所示,(a) 为 A 处开始发光、(b) 为 B 处反射镜刚接收到光并反射、(c) 为 A 处接收到光时的示意图。从 A 处发光到 B 处接收到光、B 处反射光至 A 处接收到光两个事件在

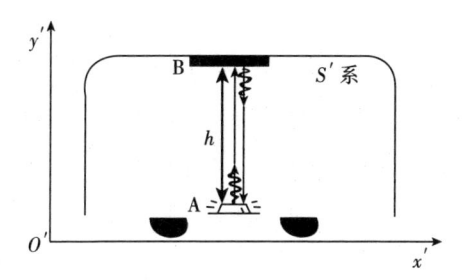

图12 火车上安装 A、B 两处反射镜示意图

地面上看是在不同地点测量的，两事件的时间间隔记为 Δt，且基于勾股定理 Δt 满足几何关系 $(\frac{c\Delta t}{2})^2 = (\frac{v\Delta t}{2})^2 + h^2$，整理可得时间延缓方程 $\Delta t = \dfrac{\Delta t'}{\sqrt{1 - \dfrac{v^2}{c^2}}}$。

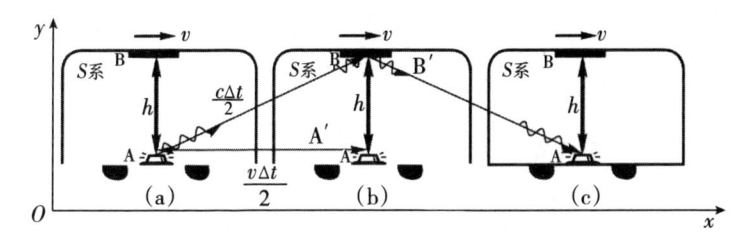

图13 反射镜竖直放置时地面参照系中的事件示意图

在该思想实验的图12中，由于火车车厢的高度 h 是确定的，光速 c 为常数，且 $\Delta t' = \dfrac{2h}{c}$，则 $\Delta t'$ 为恒量，不随其他因素而变化。

在图13中，光速 c 和车速 v 不同，A 到 B′ 和 A 到 A′ 经

67

历的时间不一致,不能同时设定为 Δt;斜边 AB′的时间是光在车厢里反射到 B 点的时间,应记为 Δt_c;直角边 AA′的时间是车厢外观察者所见的火车运行中光反射到 B 点的时间,应记为 Δt_v。因此这个几何关系方程 $(\frac{c\Delta t}{2})^2 = (\frac{v\Delta t}{2})^2 + h^2$ 无法成立。

把恒量 $\Delta t'$ 当作变量代入方程 $(\frac{c\Delta t}{2})^2 = (\frac{v\Delta t}{2})^2 + h^2$ 同样不成立。

综上,通过勾股定理的简单推导不能得出时间延缓方程。对火车思想实验进行推导的过程中,将在车厢参考系中光的反射时间(Δt_c)和地面参考系中光的反射时间(Δt_v)相混淆,使本质上没有物理关系的两者在数学方程式中建立物性信息间的关系,与物理实际不符。

8. 时间是单方向流动的吗?

时间在信息世界以信息形式存在时,没有方向性。信息形成时间线,时间以连续形态向无穷远无限延伸,时间信息不断增加且不可逆转,因此时间在时间世界、空间世界、物理世界、幻影世界均呈单方向流动。

物理世界处于不断的变化之中,时间线上每一点的物理信息均不存在于该点之前的物理世界中,物理信息不断增加、不可逆转,赋予物理世界方向性和有序性。

9. 人能否两次踏进同一条河流？

河流是物理世界的存在，同物理世界的所有事物一样，都具有时间性、空间性和物理性。河流在物理世界中有物理实体和空间位置两重意义，对应人能否两次踏进同一条河流的两种结果。

（1）作为物理实体的河流：随着时间的推移，物理世界的物理信息不断变化，物理世界的河流即是如此。河流是物理世界中复杂的自然系统，受到多种外部因素的影响，其状态和特征随时间不断发生变化。在时间轴上的每一点，河流物理信息与该点之前对比都已发生变化。人两次踏进河流必然是两个不同的时间点，河流的物理信息不相同，也就是说，人无法两次踏进同一条河流。

（2）作为空间位置的河流：每条河流都拥有其独特的相对空间地理位置，连接着湖泊、海洋、山脉、平原等不同的地理形态。相较于地质现象以千万年为单位才有可见的变化，河流所处的空间位置及其在空间位置上的形态和路径是固定的，其变化为空间位置上该河流随时间发生的变化。在河流形成之后、消失之前，河流始终是同一条。在空间位置的尺度下，人可以两次踏进同一条河流。

世界本原

10. 何为"现在",其与过去、未来是什么关系?

何为"现在"?这是一个涉及时间、存在和意识的哲学问题,有多种不同的理解和解释。

现在内涵复杂多维,当下存在即现在,活着是现在,现世、今生是现在,眼前正在流逝的一刹那也是现在。现在所发生的一切都是连续的时间轴上过去的总和的流动,过去和现在的总和又造就将来的走向。

在同一世界,过去、现在、未来是绝对的。现在是时间线上客观存在的一点,该点之前为过去,该点之后为未来。过去与未来通过现在相联系,未来在现在完成向过去的转化。未来的多种可能性在现在坍缩,确立唯一的路径,形成确定的过去。

在不同世界,过去、现在、未来可能是相对的。空间世界中包含物理世界已发生和将发生的一切,物理世界的现在即是空间世界的过去;时间世界包含空间世界已发生和将发生的一切,空间世界的现在即为时间世界的过去。

物理世界中,人们基于过去的经验理解现在,现在是人所处的时刻,是人可感知的事件发生的时间,以及人们做出影响未来的决策和行动的节点。往者不可谏,来者犹可追。过去已成定局,不可更改,未来尚能追寻,须得现在努力。尽人事,听天命,人类或可把握未来。

11. 当未来人类科技高度发达，人可以实现时间旅行（回到过去或去往未来）吗？

人类是存在物理世界的物理生命，无法打破空间、物理的限制，时间在物理世界不可倒流，时间旅行只能是美好想象。但信息可以倒流，人类以梦和幻的形式可以体验信息上的时间旅行。常言"如梦似幻"，梦境和幻境虽均源于大脑，实则千差万别。梦境可以接收空间信息，空间信息包含物理世界已发生和将发生的一切，即过去、现在、未来的物理信息都可现于梦境之中；幻境可以接收物理信息和幻影信息，物理信息包含物理世界已发生的一切，幻影信息重组于人类已有的信息，即过去、现在的物理信息都可现于幻境之中。

（1）回到过去

人以梦的方式进入梦境，空间信息在梦境中自由流动，关于时间的空间信息，或颠倒，或交叠，或错乱，人接收到其中物理世界已发生过的物理信息，便得以窥见过去。

人以幻的方式进入幻境，幻是对已知信息的重组，幻境本质上是一种假象。海市蜃楼是幻，水月镜花是幻，文学影视亦是幻，均建立于人类对世界的已有认知之上。其虽为假象，仍含有真实过去的物理信息，人类以幻的形式可回溯过去。

(2) 去往未来

梦境中的空间信息包含物理世界已发生和将发生的一切，人类以梦的方式接收到空间信息中关于物理世界将发生的事件信息，在信息上实现去往未来的时间旅行。

幻则受限于已知信息，以幻的方式重组加工创造的幻影信息虽有大量关于未来的想象，但并不反映真实未来。因此，唯有以空间信息的方式可以在信息上通过时间旅行去往未来。

12. 为什么人在梦中对时间的感觉和现实有很大的区别？

人在梦中对时间的感觉有两个特点：一为伸缩性，二为非连续性。

（1）时间的伸缩性：梦境中的时间似乎可以被拉长或缩短。有时，人感觉在梦境中度过了很长的时间，醒来却发现并没过多久。反之，现实中一整晚的梦境在梦中可能只是几分钟的经历。这种伸缩性会让人感觉梦中时间没有规律，难以捉摸。

造就这一感觉的原因依接收信息的类别分为两种（睡眠状态下，物理上的身体接收空间信息的通信接口打开）：一是身体接收到灵性信息。灵性信息有其自身逻辑，不具备物性信息的逻辑性，被心隐性感知后，形成随机的时间感觉；二是身体接收到物性信息。睡眠中大脑的分辨率提高，处理机制更为灵敏，表现时间的物性信息被大脑接收后形成的时间感觉进一步放大，以致梦中的时间感觉和现实的时间流逝有着惊人的差异。

（2）时间的非连续性：梦境内容常常由事件碎片组成，似乎没有逻辑可言，时序混乱、重叠或颠倒。同一事件会反复发生，场景之间可以随意跳跃，互不相关的元素会自由组合。

这种感觉来自大脑睡眠状态下独特的处理机制，大脑在睡眠中可以不依据物理特性组织信息。入睡以后，大脑将清醒状态下积累的信息和梦中感知的信息自由截取、拼接，创造出新的幻影信息。重组后的信息在时间和空间上可能不连贯，使事件呈现出混乱的逻辑。

梦中的时间似乎是非单一、不连续的，其本质是清醒状态和睡眠状态下人的信息接收机制和处理机制的变化，并非时间特性的改变。

四、空间篇

1. 空间是唯一的吗?

空间在信息世界以信息形式存在,信息具有多样性,空间在信息世界不唯一。

时间线有多条,每条时间线上每一点的空间都在发生变化,不同时间线、不同时间点的空间均不同,空间在时间世界不唯一。

空间在空间世界、物理世界、幻影世界唯一。空间是空间世界诞生之处、物理世界演化之所,空间世界、物理世界、幻影世界均在唯一的空间中形成和毁灭。

空间世界不唯一。空间世界在空间中形成,也在空间中毁灭，有时间起点和时间终点。空间中有多个空间世界，一个空间世界湮灭后，其他空间世界仍然存在。各空间世界相互独立，没有直接的信息沟通，间接的信息沟通必须经过时间世界。

2. 空间是空的吗？

空间是信息的一种表现形式。空间本身是无限的，没有最大容量。但空间世界是有限的，有最大容量。

"空"，即无所包含，没有内容。空间是变化的，可分为四个阶段：第一阶段，空间以信息形式存在，此时空间中只有信息；第二阶段，时间信息运行到空间，直到时间信息与空间相结合，空间中存在着信息世界的信息和时间世界的时间信息；第三阶段，时间信息与空间相结合，转化为空间信息，直到物理形态形成，空间中存在信息世界的信息、时间信息、空间信息，直到出现空间世界；第四阶段，物性信息运行转化为物理形态，形成物理世界，空间中出现物理信息和幻影信息，同时包含空间世界和其中的物理世界。

任一时间阶段的空间均不为空，在前三个阶段中，空间空无一"物"，但各种信息运行其中，空间并不"空"，在第四阶段，物理形态开始占有空间，不空的空间开始可以为人所见。

3. 空间有没有边界？

空间没有边界，空间世界有边界。

边界，是领域之间的界线，地区、国家、星系之间都有边界来界定自身区别于其他领域的范围。空间之无限，远超人类可观测、感知的范围，从人所处的位置向任何一个方向溯源，都会发现其路径的无穷性。空间与时间线一一对应，时间无限性与空间无限性一脉相承，时间无限延伸，没有终点，对应的空间无限延伸，没有边界。

空间世界有其边界。空间中有多个有限的空间世界，其间只有空间生命和信息的存在。空间世界的边界，界定的是空间信息可存在的范围。

4. 空间是否有结构或形状？

空间没有结构，无形无状，客观存在。

结构，是联结架构。空间由时间信息运行形成，非联结架构之物，没有结构。形状，是物体或图形的形态、状貌，是一种物理状态。唯物有形，信息无形，空间不具有形状。

空间世界亦无结构和形状。空间世界是时间信息在空间的延伸，没有结构。但空间世界的信息运行有其规律性，灵性信息一部分运行产生灵性生命，一部分转化为物性信息，运行产生物性生命，形成物理世界。这一运行规律塑造了空间世界的内在结构。空间世界有限，存在边界，边界是空间信息运行的范围，不具有物理形态的形状。

5. 空间存在最小尺度吗？

空间是连续的，没有最小尺度。

空间在任一尺度客观存在，无限可分，具有绝对的连续性。物理学中的普朗克长度给出空间的最小尺度，在此尺度之下，无法探知到空间的存在，不表示空间不存在。

6. 空间是否可以被创造或销毁？

空间客观存在，不能被创造，也不可被销毁。

空间的存在不依赖于人的意志，人对空间的主观感知有个体的差异性，空间概念在不同人的大脑中呈现出不同面貌。人关注空间与否不影响空间的状态，任何改造空间的努力终归是徒劳。人类意识中对空间的创造和销毁，只能有条件地存于意识中，即这种创造和销毁只存于人类大脑创造的幻影信息之中，独立于空间本身，不影响空间的恒常运行，当创造幻影信息的物理形态消失，这类幻影信息也就不复存在。

空间世界有时间起点和时间终点，体现为其形成和毁灭，实质是时间信息运行的结果，无关人为作用。时间信息在空间中运行，形成空间世界，时间信息运行结束后，空间世界也随之毁灭。

7. 在人们生活的三维空间之外，是否存在多维空间？

人类生活在唯一的空间之中，多维空间不存在，但空间世界有多个。

空间之中，多个空间世界平行存在，相互独立，没有重叠。空间世界之间没有因果关系，一个空间世界中发生的任何事件或现象，不会直接对其他空间世界产生影响或改变。每个空间世界都是一个完整、独立的存在。人类生活在空间世界的物理世界之中，无法接收平行空间世界的信息，遑论在平行空间世界之间往来。

人类无法感知平行空间世界，但会产生平行宇宙的错觉。错觉的来源有两种情况：一是幻影信息。这种错觉看似空间的交叠，实则是意识的构建。意识的多样性导致不同的人对同一事件往往形成差异化的印象，与事实不符的印象造就的记忆偏差为幻影信息。对于不了解事实的人，由于只接收到有限的物理信息，在口口相传下，大脑中较强的幻影信息覆盖于较弱的物理信息之上，被人们当作真实的物理信息，致使不同的人对同一事件建立起截然不同的记忆，产生感知到平行宇宙的错觉。二是空间信息。空间世界已发生的在物理世界不一定发生，人们接收到相关空间信息，感觉事件互斥的两面同时存在，便产生平行宇宙的错觉。

8. 当光线经过质量巨大的星体时，光的传播路径发生了变化，能否说明是空间弯曲了？

当光线经过质量巨大的星体时，光的传播路径会发生变化，这种现象被称为引力透镜效应，物理学认为是质量引起了"空间弯曲"，从而改变了光线在空间中的传播路径，即足够大的质量会改变空间的几何形态。

空间没有结构和形状，本身不会发生弯曲。引力透镜效应不是空间本身的变化，而是光周围的能量场变化，本质上是物性信息在物理世界中运行的变化。物理世界存在多种能量场，有重力场、电磁场、核能场等。能量场在物理世界中分布，对物质产生力或势能。能量密度随时间和空间变化，物质所受的力或势能相应改变，物质的状态或性质发生变化。星体的质量与能量呈正相关，星体质量巨大时，以其为中心形成的能量场也具有巨大的能量，当光线经过星体，光线周围的能量急剧增强，导致其传播方向发生弯曲。

光线传播路径的方向变化是物理世界中物理信息的变化，物理信息无法作用于物性信息，不能对空间产生影响。同理可知，其他物理现象，如引力波、电磁波等的变化均由能量场的分布和变化所致，而非空间本身的变化。

9. 恒星坍缩是否说明空间会塌陷？

空间不会塌陷，空间世界也不会。空间无形无状，没有形态上的改变。空间世界包含物理世界已发生和将发生的一切，其性质和运行规律不受物理世界的物理变化影响，不会发生塌陷。

恒星坍缩是物理世界的物理现象，是物理信息运行的体现。物理世界充满物理信息，物理信息运行结束时便会发生恒星坍缩。恒星的物理信息运行接近尾声，恒星能量场发生剧烈变化，内部物质的原子结构被破坏并挤压收缩，最终导致恒星的坍缩。恒星坍缩在物理世界普遍存在，物理世界的减速膨胀阶段更是恒星坍缩的高发期。这一现象遵循物理世界的性质和运行规律，对空间和空间世界则没有影响。

10. 人们能否通过"虫洞"实现空间穿梭（空间跳跃）？

人们基于空间可以折叠的假想，提出虫洞概念，设想这种时空结构可以连接两个不同时空的区域。1916年，奥地利物理学家路德维希·弗拉姆首次提出"两个不同的时空区域由一个时空管道连接"。1930年，爱因斯坦及纳森·罗森在研究引力场方程时，一起提出连接两个不同时空点的桥梁概念——爱因斯坦–罗森桥。1957年，惠勒首次采用"虫洞"

称呼这一时空桥梁。

虫洞被认为可以直接连接时空中的两个点，不管这两点在空间距离或时间间隔上相距多远。通过虫洞，人们可以用较短时间完成远距离的空间旅行或时空旅行。

虫洞的存在与否和可行性取决于空间折叠的前提是否成立。空间是信息的表现形式，无法折叠，虫洞不可能存在，物理的人也无法实现空间穿梭。空间中的物理形态可以折叠，这种折叠无须虫洞便可通行。

虫洞不存在，空间穿梭在物理信息上不能实现，但可以通过空间信息的形式实现。正如不同时间的信息可以通过梦和幻的方式感知，不同空间的信息也可以同样方式为人感知，人可以在短时间内感知远距离空间的信息，实现信息上的空间穿梭。

11. 宇宙之外还有其他空间吗？

宇宙之外还有无限的空间。

宇宙由承载着物性信息的物理形态组成，包含所有的物理实体和物理现象。人类命运与宇宙的结构和运行规律息息相关，人类生活在宇宙之中，无法突破宇宙的限制、感知宇宙之外的一切，只能以信息形式感受空间和时间。

宇宙表现为物，处于空间之中，空间表现为信息，处于时间之中。宇宙之外，是充满空间生命和空间信息的空间世界，空间世界之外，是多个其他空间世界。于人类而言，浩渺的宇宙，在空间中只是一粒微尘。

12. 宇宙是否存在中心？

宇宙存在中心，这一中心不是空间位置意义上的中心，而是能量意义的中心。空间世界中的物性信息向能量转化，产生正宇宙和反宇宙，正、反宇宙一一对应，相互作用，就如同太极图的阴阳两面，代表着阴阳两极。阴阳合抱，构成整个宇宙的平衡。宇宙的中心就是阴阳两面的中心，即正、反两个能量中心。

宇宙起源于"无中生有"，宇宙能量中心是其诞生源泉，物性信息聚集转化而成的正、负能量各自从两个能量中心源源不断向外喷涌，形成宇宙的阴阳两极，提供宇宙演化的原初物质。正宇宙可以为人类所感知、观察并测量，反宇宙不可知、不可测。正、反宇宙的运行，不仅体现了宇宙的本质特征，也揭示了宇宙的运行规律。正宇宙和反宇宙共同推动宇宙的演化和发展。

五、物理篇

1. 宇宙中的物质有哪些存在状态？

物质伴随宇宙的形成而形成，以暗能量、暗物质、显物质及显能量四种状态存在。

宇宙是空间世界的延伸，空间世界的信息无处不在并不断增加、聚集，当空间世界中蕴含的物性信息在特定条件下达到一定的信息密度阈值时，物性信息转化成宇宙中的初始物质——暗能量。暗能量具有能量属性和质量属性，没有粒子属性。暗能量广泛地存在于宇宙中，只通过观测显物质的方式无法感知和测量。

暗物质具有能量属性、质量属性和粒子属性（构成暗物质的粒子可称为"暗粒子")。暗物质在数量上少于暗能量，无法通过观测显物质的方式感知和测量。

显物质具有能量属性、质量属性和粒子属性（构成显物质的粒子可称为"显粒子"，即原子、分子等）。微观的显粒子通过不断积累，聚集形成宏观的显物质，从而容易被人们观测到。

显能量具有能量属性和质量属性，没有粒子属性。人们通过一些观测方式，可以感知和测量到显能量的变化。

2. 物质与能量之间是什么关系?

能量（或称"能量物质"，是指暗能量和显能量）是广义上的"物质"（包含能量物质和粒子物质，后者是指暗物质和显物质）的一种表现形式，所有物质状态都蕴含能量；能量与粒子物质之间在一定条件下可以相互转化。

（1）暗能量聚集形成暗物质——暗能量是物质的初始状态，能够在一定条件下相互聚集，能量密度足够大时形成暗物质，实现从能量到粒子物质的转化；

（2）暗物质分解形成暗能量和暗物质——暗物质由暗能量聚集形成，暗物质发生反应的过程中可释放出暗能量或同时生成新的暗物质，重新实现粒子物质到能量的转化；

（3）暗能量和暗物质的密集度达到一定阈值时，形成显物质，显物质在发生状态变化或性质变化的过程中（如显物质分解）释放出显能量，显物质和显能量之间可以相互转化；

（4）在物质内外的能量环境、作用力不足以使其保持稳定状态时，显能量可逆向转化为显物质基本粒子，再解体为暗物质，进一步转化为暗能量。

3. 物体的质量是什么？

所有物质（涵盖四种存在状态）都具有质量，质量是物质的基本属性之一，也是能量的一种表现形式。

在物质的四种存在状态中，"物体"是指可以被人们观测到的物质，属于显物质。物体的质量为物体上聚集的全部能量与粒子的总和，即该物体所处的一定范围内暗能量和暗物质比较稳定的状态下测量的总和。

物体的质量具有守恒性，即物体上聚集的全部能量与粒子的形态可能会发生转变，但其总量不会随之改变。当物体状态变化时释放出显能量，测量出的物体质量数值变小，但加上释放出的能量的质量，质量总和仍与状态变化前相等。

4. 宇宙中是否存在超光速运动的物质？

宇宙中存在超光速运动的物质。

宇宙膨胀是指宇宙中心巨大的高密度能量向四周膨胀和扩散，即宇宙中的能量在膨胀，其膨胀速度以哈勃常数

世界本原

[近期测定的哈勃常数 H 约为73km/（s·Mpc）] 表示。能量从高能区向低能区扩散运动的速度（即宇宙膨胀速度）远超光速，而能量蕴含于物质中，由此可知宇宙中存在超光速运动的物质。

宇宙中的所有物质均是伴随着宇宙的膨胀而形成和运动的。宇宙膨胀带动其中的星系、天体等各种物质运动，这些物质的运动速度也具有宇宙膨胀的速度。

随着人类对物理世界探索的不断深入，会有更多高速运转的粒子出现在人类的视野中，不排除有出现超过光速的粒子的可能。

此外，显物质及其可转化出的显能量只是物质存在状态中的一小部分，宇宙中还存在大量没有观测到的暗能量和暗物质，它们可能是高于光速的物质。

5. 如何理解量子纠缠？

薛定谔在1935年的论文中提出的"量子纠缠"是指复合体系中量子的不可分离，"若有两个已知系统（它们的状态可以由各自的表达式得出），在某种已知外力的作用下发生相互作用，经过一段时间的相互作用以后两个系统又被分离开来，这时它们便无法再像先前那样各自用一个表达式来描述……通过相互作用，两个表达式（或者波函数）成为纠缠的"。[1]

量子，即能量子，不具有粒子属性。在宇宙的形成过程中，空间世界的物性信息转化成暗能量时产生成对的能量子，这些成对的能量子之间的空间距离一般不会太远，能在一定条件下相互感应。当能量子附着在粒子上时，会发生粒子之间的相互感应。

人们测量到的是粒子之间的"量子纠缠"，实际上是能量子之间的相互感应现象。发生"量子纠缠"的能量子之间通常具有相同的结构、参数、信息接收机制和接收通道，能同时感应到相关信息。

6. 在电子的双缝干涉实验中，为什么多个电子通过双缝产生强烈的干涉现象，单个电子或增加观测仪器则看不到这种现象？

量子力学的研究者为探究光子或电子等粒子的特性，开展了双缝干涉实验。其中有经典的费曼电子双缝干涉实验，其实验装置如下（见图14）：①用电子束枪一个一个朝着双缝发射电子，击中双缝后面的侦测屏后，才发射第二个电子，即每次发射间隔几秒，反复发射多个电子；②设置一个挡板

---

[1] Schrödinger E. Discussion of Probability Relations between Separated Systems [J]. Mathematical Proceedings of the Cambridge Philosophical Society, 1935;31, 555–563.

世界本原

来控制双缝和单缝的大小,移动挡板,形成只打开狭缝1、狭缝1和狭缝2均打开、只打开狭缝2三种情况的图案。

观测结果如图15所示:只打开一条狭缝的干涉图案微弱,狭缝1、狭缝2的作用公式分别为P_1、P_2;打开双缝的干涉图案较强,作用公式不是P_1、P_2的简单相加,而是P_{12}(P_{12}中的干涉图案中心放大不同数量级可清晰显示"斑点"——检测到的电子位置)。

只发射单个电子,则无法观测到干涉图案,只是单个斑点。在该实验中增加摄影器试图观测电子在双缝中的运动过程,则P_{12}的干涉作用消失。

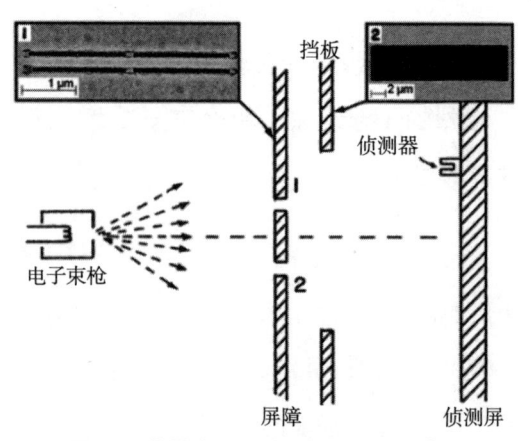

图14 费曼电子双缝干涉实验装置[1]

---

[1] Bach R., Pope D., Liou S. - H., Batelaan H. Controlled Double - slit Electron Difraction[J]. New J. Phys. 15(033018),2013:1-7.

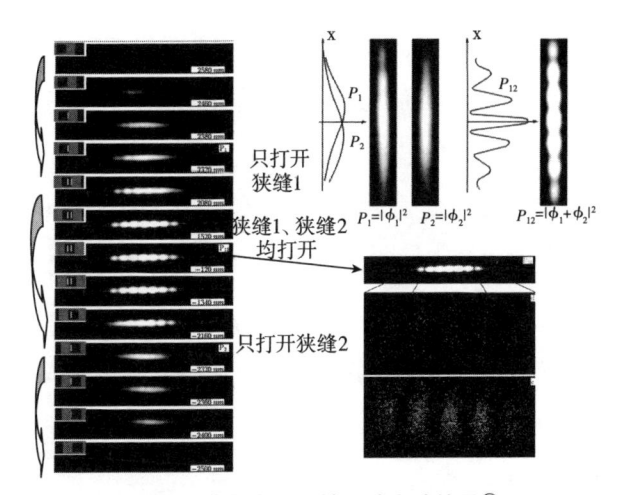

图 15 费曼电子双缝干涉实验结果①

电子的双缝干涉实验实际上呈现出了一种量子感应现象。宇宙中每个能量子都存在与之相互感应的其他能量子,它们可以分隔于宇宙中的任何不同位置,并在一定的条件下能够发生相互感应。能量子与电子这一显粒子相结合,在双缝干涉实验中,单个光子通过双缝时,既不是一分为二,也不是同时穿过双缝进而产生自己与自己相互干涉的现象,而是实验中的电子(带有能量子)和与之相互感应的能量子之间产生了相互感应,呈现出相互作用现象。在电子只通过单缝时,量子出现在同一位置或相近的位置上,感应接近于同一点上,干涉图案变化不明显;反之,在电子通过双缝时,量子出现

---

① Bach, R., Pope, D., Liou, S.-H., Batelaan, H. Controlled Double-slit Electron Diffraction[J]. New J. Phys. 15(033018),2013:1-7.

89

的位置更多变，量子间反映出来的可观测的干涉现象更明显。并且，多个电子的运动轨迹和相互作用更强，便于观测；单个电子的运动轨迹和作用则较不明显，难以观测。

量子感应极易受到干扰，一般需要在密闭空间中进行，否则会影响感应状态。能量子之间相互感应的状态极易受环境影响，干扰信息破坏能量子之间的相互感应条件，使其对感应信息接收不畅。在双缝干涉实验中加入观测装置，增加了辐射或电磁等干扰信息，这种干扰信息使电子不形成双缝中的强干涉图案。

7. 量子通信的速度是多少？

量子通信是两个相隔一定空间距离的"点"之间发生量子感应的通信，包含两种情况：一种是能量子之间直接发生感应（量子感应本身）；另一种是运载附着有能量子的粒子以传递量子感应信息。

量子感应是物性信息通信和物理信息通信相结合的通信方式，没有通信速度。信息本身不占有时间和空间，成对的能量子在一定条件下实现相互感应，即可同时获得相应的信息，完成"量子通信"。

以粒子作为载体承载能量子的信息，运输粒子的速度就决定了"量子通信"的速度。以光子作为量子通信的载体，量子通信的速度即光速，这是目前人们所知最快的通信速度。

8. 如何理解"薛定谔的猫"？

"薛定谔的猫"是量子力学领域的一个思想实验，由奥地利物理学家薛定谔于1935年提出。在该思想实验中，一个盒子（以关闭的盒子模拟一直保持不确定性波态的封闭系统）里有一只猫以及少量放射性镭，镭有50%的概率会衰变并释放出毒气杀死这只猫，同时有50%的概率不会衰变而使猫活下来；在打开盒子观测前，由于放射性的镭处于衰变和没有衰变两种状态的叠加，猫就理应处于死猫和活猫的叠加状态。

"薛定谔的猫"的"生"和"死"包含多种情况：空间生命的状态、物理生命的状态、空间生命和物理生命相结合的状态、物理生命和幻影生命相结合的状态、幻影生命的状态。

在空间生命的状态上，猫具有"生""死"并存的生命信息。空间世界囊括了猫的所有生命信息，猫"生"和"死"的信息同时存在于空间世界中。

在物理生命的状态上，猫只能处于"生"或"死"其中一种情况。物理世界中的生命均处于一种确定的生命状态，猫的物理生命也只能是"生"或"死"中的一种确定状态，不存在"生""死"并存的情况。

在空间生命和物理生命相结合的状态上，物理生命信息和空间生命信息既可能是生死一致的情况，也可能是生死相反的情况，但一直与空间生命信息之一相一致，呈现出"生""死"并存的状态。空间世界同时存在猫生的信息和死的信息，生的信息主导物理世界时则猫的物理生命为"生"，"生猫"与空间生命中的"死猫"信息并存；死的信息主导物理世界时则猫的物理生命为"死"，"死猫"也与空间生命中的"生猫"信息并存。

在物理生命和幻影生命相结合的状态上，猫的物理生命会产生其对应的幻影生命信息，两种信息可能是一致的或相反的。在猫具有"生"的物理生命时，其产生的对应的幻影生命信息同样为"生"；在猫经历了从生到死的生命历程，即其物理生命为"死"时，其对应的幻影生命信息可能为"生"的信息或"死"的信息；物理生命为"生"，幻影生命为"死"，则呈现出"生""死"并存的状态。

在幻影生命的状态上，人们可以基于需求在幻影世界中创造"生猫"的幻影或"死猫"的幻影。

9. 黑洞是什么？

黑洞是宇宙中一些区域的真空状态，包含绝对真空和相对真空两种程度。

宇宙中的能量不断地从各个区域中心向四周膨胀扩散，这种能量扩散并不是向四周匀速分布的，而是一种随机性的、不均匀的扩散。在能量的随机扩散中，宇宙中出现了没有能量的绝对真空区域或能量稀薄的相对真空区域。

在绝对真空区域，周围与之形成能量"有无"的极大差异，推动各种物质随着能量的流动进入"黑洞"，无法逃逸。在相对真空区域，周围与之形成能量"高低"的巨大差异，这一势差同样使物质流入"黑洞"并被吞噬。

10. 是否有必要在引力场方程中加入宇宙常数 Λ？

1915年爱因斯坦提出广义相对论引力场方程的完整形式 $R_{\mu\nu} - \frac{1}{2} R g_{\mu\nu} + \Lambda g_{\mu\nu} = \frac{8\pi G}{c^4} T_{\mu\nu}$（$R_{\mu\nu}$ 为里奇张量 $G_{\mu\nu}$ 的简化，表示空间的弯曲状况；R 为里奇标量；$T_{\mu\nu}$ 为能量动量张量，表示有质物质的能量分量；$g_{\mu\nu}$ 为度规张量，$g_{\mu\nu}=0$ 时表示引力场0）。1917年，爱因斯坦对宇宙进行思考，发表了他的第一篇关于宇宙学的论文，他用"广义相对论"解释静态的宇宙时，发现方程式是无解的；为适应静态宇宙，爱因斯坦变通了他的方程式，在其中加入了一个名为"宇宙常数"的项 Λ[①]。这个"宇宙常数"将再次弯曲时空，以使所有的物体分开，"宇宙常数"引入的排斥效果将平衡物体的相互吸引作用，而保持宇宙的长久平衡。其后，宇宙膨胀的现象被观

[①] Λ 很小，对小于宇宙的尺度可忽略不计，只在宇宙尺度下才可能有意义，故名"宇宙常数"，一名"宇宙常量"。

测到，使得爱因斯坦认为在方程中加入"宇宙常数"是其"一生中最大的错误"：如果爱因斯坦继续在原方程上不断研究，而不是变通地引入"宇宙常数"，他便有可能对宇宙是在扩张还是在收缩做出预言。

引力场方程呈现出了宇宙的物质分布与能量分布的规律，在加入 Λ 之前，得出了宇宙在不断膨胀变化的状态；在加入 Λ 之后，得到了分布较为平坦、均衡的宇宙状态。

实际上，宇宙整体的能量状态是较为稳定的，即需要加入宇宙常数 Λ，以体现宇宙的物质分布与能量分布的均衡性。而宇宙中某区域或某发展阶段的能量状态是不稳定的，暗能量和暗物质波动较大，以致显物质和显能量的变化也较为剧烈，此时无须加入宇宙常数 Λ，便能自然推演出宇宙中的物质分布与能量分布的变化程度。因此，引力场方程中不加宇宙常数或加入宇宙常数均有其适用性，能在不同范围内诠释宇宙的状态变化。

现有观测技术所观测到的宇宙状态较为稳定，恰好适用于加入宇宙常数的引力场方程，呈现出物质分布与能量分布较为均衡的状态。

11. 宇宙是否会无限膨胀？

宇宙膨胀是人类已经观测到的现象，其本质是宇宙能量的扩散。宇宙不会无限膨胀，只会随着能量的扩散从加速膨胀到减速膨胀，再到第二次加速膨胀、第二次减速膨胀，直到第三次加速膨胀、第三次减速膨胀后停止膨胀乃至坍缩。

宇宙形成于物性信息聚集并转化出初始物质——暗能量的过程中，这些暗能量成对出现，有正能量子（属于正物质），便有性质相反的负能量子（属于负物质），正负能量子高速旋转并向相反的方向运动，在宇宙中心形成能量势差巨大的区域——一道"宇宙墙"。"宇宙墙"两面的暗能量不断运动，能量由高密度区向低密度区扩散，成为宇宙膨胀的动力。

随着宇宙中能量的扩散，宇宙扩张的作用力不断变化，宇宙网的作用力从增大至逐渐减小，两者之差从正转变为负、第二次从正转变为负、第三次从正转变为负，推动宇宙从加速膨胀转变为减速膨胀、第二次加速膨胀转变为减速膨胀、第三次加速膨胀转变为减速膨胀。

直到宇宙的体积越来越大，能量高密度区和低密度区之间的势差越来越小，正负能量子旋转的力度也越来越小，宇宙不再膨胀。宇宙中心能量稀薄，势差低到不足以维持"宇宙墙"的形态，"宇宙墙"走向坍塌。"宇宙墙"两面的正负物质迅速回缩，能量相互抵消归零，宇宙也坍缩归零。

世 界 本 原

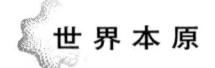

12. 万有引力在微观粒子中是否存在？

万有引力（其公式为 $F = G\dfrac{m_1 m_2}{r^2}$）是宇宙中的基本力之一，受到物体所具有的质量影响。宇宙中所有的物体都具有质量和能量，物体因其质量和能量的存在会产生（能量）场，并且不同的物体因具有大小不等的质量和能量而产生强度不同的场。能量有相互汇聚的趋势，在能量场的作用下，物体之间产生相互吸引汇聚的现象。

万有引力在所有物体上均存在：在宏观物体所受的引力中，万有引力起主导作用，是这些引力中的主网；在中观物体所受的引力中，万有引力起次要作用，是这些引力中的次网；在微观粒子所受的引力中，万有引力起边缘作用，是这些引力中的边缘网。

六、幻影篇

1. "海市蜃楼"是什么？

人们常说的海市蜃楼景象，其学名为"蜃景"。据观测记载，其景象内容既有山峰、森林、湖泊等自然景观，也有城市、高楼、集市、古代战场等人类社会生活场景；这些景象内容有的在当时能够找到原景，也有明显不存在于当时、已经找不到原景的。

蜃景实质上是物理信息在某种特定条件下显现出来、令人能够看到的一种影像形态，即物理世界延伸出来的一种自然幻影。

能够找到原景的蜃景，其原景的物理实体往往存在于物

世界本原

理世界的某一处，通过物理世界此处的大气、光线等物理条件显现出影像，形成人们所见到的幻影。

无法找到原景的蜃景，其原景的物理实体往往已经消失，但物理实体的相关物理信息仍存于世间。这些信息在特定条件下与物理世界重新结合，再转化延伸出幻影信息，借助于大气和光线等重新呈现在人们眼前。

2. 物体的影子是什么？

物体的影子是物理实体被光线挡住而产生的自然幻影，是幻影信息的一种表现形式，存在于物理世界延伸出的幻影世界中。物体的影子是一种虚像，而非物理实体。

影子这一幻影信息以各种形式存在，其状态与物理世界中的光线变化息息相关。光线的强弱和照射方向、物体的不透明程度、成像区域的情况等物理因素都会对影子的呈现效果产生影响：当一个光源集中照射不透明的物体时，物体仅产生一个影子，该影子中部黑暗程度较深（称为"本影"）；当多个光源从多角度照射物体时会产生多个影子，这些影子四周黑暗程度较浅（称为"半影"）、交集部分则完全没有光线照射到（形成本影）。

3. 如何看待羿射日神话中"十日并出"的现象？

人们常说的"幻日"是指太阳光发生折射、形成环绕太阳的日晕的现象，亦称"双太阳"（实则可能出现多个"太阳"）。东汉王逸《楚辞章句》中载有"羿射日"的神话故事："尧时十日并出，草木焦枯，尧命羿射十日，中其九日，日中九乌皆死，堕其羽翼，故留其一日也。"这一神话故事中描述的"十日并出"景象，既可能是一种幻影信息，也可能有物理实体的作用存在其中（即幻影信息与人们所说的"幻日"相结合的状态）。

情况一，即羿所射之日为纯粹的幻影信息。尧帝时期天气酷热、草木焦枯，容易使人产生幻觉，看到太阳及其信息在特定条件下呈现出的九个幻影。太阳的幻影与物理实体周围的条件密切关联，会随着物理条件的变化而显现或消失。羿射箭，打破了太阳相关物理信息在大气中产生幻影的条件，使得太阳的幻影信息不再显现。

情况二，即羿所射之日有一定的物理条件支撑，是幻影信息与物理条件相互交织的结果。太阳光线在半透明薄云层中的冰晶和水汽的折射下，形成多个日晕，与真实的太阳排布在一起便有如"十日并出"。此种情况需要稳定的大气层、适量的云、大量的水汽、冰晶以特定角度排列等物理条件支撑，并非纯粹由幻影信息构成的影像。

4. 人为什么会产生幻觉？

幻觉，即人的大脑把幻影信息当作物理信息来看待的现象。幻觉的产生原因有以下三个。

（1）人直接接收到幻影信息，该信息显现为幻觉。人在清醒状态下接收到自然幻影信息、由他人创造的或自己过往所创造的幻影信息，由于无法辨识，将其当成当下收到的物理信息。

（2）人主动组合信息，创造出幻觉。人的大脑不断地接收和存储来自物理世界的信息，并基于自身需求，将存储于大脑中的客观物理世界的信息进行重新组合，形成幻影信息。

（3）人对自己的大脑失去了控制，被动组合出各种幻觉。人因遭受了物理世界强烈的刺激、罹患精神疾病、脑部发生病变等因素，而无法把控大脑的活动，大脑自发对接收到的各种信息进行重新组合与创造，形成幻影信息。

5. 什么是"白日梦"？

"白日梦"是指人在清醒时而非睡眠时的意识状态或基于主观意愿和需求产生的想法，也常被人们用于描述或评价一些不切实际的想法。

在本质上，白日梦是人大脑中产生的一种幻影信息，即大脑对接收和储存的各种信息进行选择和重新组合处理后的表现形式，不是梦境。

白日梦所展现的幻影信息，包括虚无缥缈的纯粹遐想、对过去的回忆或对未来的设想等，这些信息源于人对物理世界信息的延伸、结合和再创造,不会真切地作用于幻影信息覆盖的物理实体,即白日梦不会实现。

6. 动物会跟人一样产生幻觉吗?

动物会产生幻觉,其产生幻觉的原理与人相类似,包含直接将接收到的幻影信息当作物理世界真实的信息(情况一)、将接收到的各类信息简单组合成幻觉(情况二)、对大脑失去控制而产生幻觉(情况三)三种情况。动物接收物理信息或幻影信息,大脑活动再进一步处理信息,这些信息在感知系统那里反映(重现、分解或组合)为幻觉。

动物产生幻觉与人产生幻觉的差异在于:动物的信息接收能力(尤其是接收一些隐性信息的能力)可能很强,甚至在某些方面远远超过人类;但动物大脑的发达程度达不到人的水平,其信息处理能力较弱,无法处理较为复杂的信息,从而无法像人一样根据自身的主观需求对信息进行重新组合,去创造自己想要的幻影。动物较强的信息接收能力和较弱的信息处理能力,通常是动物出现情况一和情况二的原因:动物大脑接收到不完整或被扭曲的信息、对已接收到的信息进行错误处理,导致其"看到"(误将接收的各种幻影信息或重新组合生成的幻影信息当作物理信息)不真实的景象。

在动物摄入致幻的植物、真菌或药物时,其中的某些成分使得动物的神经信号传递被抑制,无法完整接收和正确处理真实物理信息,从而出现情况三。

7. 如何看待"似曾相识的感觉"?

人们常常对一些人或事物产生"似曾相识的感觉",但并不记得这些人或事物究竟在什么时候见过、发生在什么时候。

"似曾相识的感觉"是信息在大脑中的呈现(包括初次呈现和复现),并且可分为四种情形:①空间世界信息在物理世界反映出来;②形成了一种错位的幻影信息;③人们在过去见过这些人或事物但未注意,后来在头脑中显现出来;④出现以上情况的组合。

第一种情形:人们在某些场景下突然接收到空间世界的信息,如缘分、因果等信息牵引人们对当前的人或事物感到似曾相识。

第二种情形:人的大脑存储了许多错位的幻影信息,比如曾经有过的幻想、看过的小说或电影情节等,这些幻影信息作为人大脑中的一种隐性信息,与人现实生活中遇到的近似情景相呼应,并在人的大脑中复现,从而让人产生似曾相识的感觉;或者人有时会基于主观意愿和需求,将大脑存储的信息与物理世界的信息进行拼接组合,甚至将原本片段的、不完整的场景或事物信息进行补充处理,形成完整的场景或事物画面,这种重新组合的错位幻影信息也会让人产生似曾相识的感觉。

第三种情形：人身处快速变化的现实生活环境中，大脑频繁处于信息的获取过程中，但由于所接收到的信息数量庞大、种类繁多、变化迅速，大脑没有更多的时间去分析处理，只是进行简单的存储。当人再次遇到相似的场景或事物时，大脑在外部信息的刺激下，重新激活过去存储的类似信息并产生似曾相识的感觉，只是随着时间的推移以及大脑中信息存储量的不断增加，大脑已经无法定位这些信息究竟来自哪里、是何时接收的。

第四种情形：随着空间世界与人所处的物理世界和幻影世界的动态变化，可能出现上述三种情形的组合情况，在更为复杂的条件下使人产生似曾相识的感觉。

8. 如何看待金庸小说《倚天屠龙记》中描写的"七虫七花膏"使人产生幻觉的现象？

金庸小说《倚天屠龙记》中描写了"七虫七花膏"这种毒药令人产生幻觉的情节：男主角张无忌因中女主角赵敏的圈套而误让师伯俞岱岩身中毒药"七虫七花膏"，俞岱岩眼前出现色彩斑斓、奇丽变幻的场景，产生幻视、幻听等中毒反应。

该情节实际上展现了俞岱岩中毒后大脑中产生幻影信息，被其误以为是眼睛所见、耳朵所听的真实场景。在人的正常生理状态下，大脑各功能分区协调运行，能够正常呈现通过听觉、视觉、触觉等感知系感知到的物理世界信息和基于人的思维活动所产生的幻影信息。但当人摄入某些有毒成分时，大脑会产生神经麻醉、不同功能分区之间信息错位等问题，将大脑重新组合创造的幻影信息误认为来自视觉或听觉等感知系统获取的外部物理世界信息，从而出现致幻反应。

此外，这些在大脑中重新组合的信息可能是人内心隐性需求的反映，在大脑不受控制时涌现出来。

9. 如何看待元宇宙与现实物理世界的关系？

"元宇宙"的概念起源于作家尼尔·斯蒂芬森的科幻小说《雪崩》，描述的是一个虚拟现实的网络世界——名为"元界"，人们以虚拟形象在这个网络世界中交互。

元宇宙是幻影世界的一部分，与现实物理世界相互关联。元宇宙中蕴含着人的主观能动性要素，依据人参与其中的程度和信息的再现方式可分为三种情况。

（1）重现，即元宇宙是物理世界的直接反映。元宇宙中虚拟的人和事物的原型均来源于物理世界，事物之间的交互规则也遵循人在物理世界的经验，物理世界是元宇宙产生的直接基础。

（2）分解，即人们对物理世界的现象和信息进行拆解，使元宇宙对物理世界选择性地进行呈现。元宇宙基于物理世界中人们的各类需求而形成，并随着人们需求的变化和技术水平的提升而不断改进，呈现出各具特色的元宇宙。

（3）组合，即元宇宙是人对物理信息和其他信息（可包含幻影信息、空间信息等）进行重新组合的产物。元宇宙中运行的电子代码可以呈现出人们所获取和重组的各种信息，也可以和物理实体相结合形成虚拟现实的图像、声音等。

元宇宙通过影响参与其中的人，在一定程度上作用于现实物理世界。元宇宙中的事物、事物之间的关系均为现实物理世界的重现、分解、组合（统称为"再现"），现实物理世界中的人在元宇宙中感受政治、经济、文化等领域，体验各种虚拟的社会关系，积累经验，塑造形象，最终能够对现实社会中的思想、行为及事件产生一定的影响。

10. 高度发展的人工智能是否能够取代人类的智慧？

人工智能是模拟人的智能开发出来的产物，具有物理属性和幻影属性，可通过前沿技术使物理实体（计算机、机器人等）生成幻影信息。而人类是具有空间属性、物理属性和幻影属性的生命，即便是高度发展的人工智能也不能完全取代人类的智慧。

人工智能是人类将获取的物性信息进行再现的产物，可模拟人类的物理属性和幻影属性，从而取代人类的物理属性和幻影属性，代替人类在物理世界和幻影世界发挥作用。人工智能具备严谨的信息处理逻辑和强大的计算能力，在物理属性上强于人类，对物性信息的处理能力强于人类，能够在某些基于固定数据和算法的电子信息域里进行推理、判断及信息组合,实现对物理信息和幻影信息的感知和解析,从而胜任一些通常需要人类智能才能完成的复杂工作,提供智能医疗、无人驾驶、智能机器人、自然语言处理等各类服务。

人工智能不具有空间属性,永远无法取代人的空间属性。人工智能源于人类设计的控制程序、电子代码等,虽然具有较强的物性信息处理能力,但只处于"半智"状态,无法像人一样感知和接收空间世界中的灵性信息和物性信息、生出自我意识,永远无法拥有空间灵性与物性。

11. 人是否可以通过数字形式实现永生?

通过数字形式延续生命,是指利用人工智能等技术,将人类的思想、情感、记忆等信息转化为数字形式,并以相应的物理实体为载体,使之在幻影世界永久存续。

人是空间属性、物理属性和幻影属性共同构成的生命,人的空间生命和物理生命无法通过数字形式实现永生,数字形式只能实现人的幻影生命的永生。

在源头上,人的空间生命由空间世界赋予,数字形式无法影响到空间世界。在空间生命的演变上,空间生命在物理世界中呈现并指引人的发展变化,突出表现为人的灵性和物性感悟不断灵活变化,数字形式无法复制和再现人的灵性和物性,便无法实现人的空间生命的永生。在物理生命的特性上，人的物理生命只有一次，数字形式本身无法复制人的肉体，无法实现人的物理生命的永生。

12. 以元宇宙为代表的网络世界能否重现物理世界的过去、预测物理世界的未来？

以元宇宙为代表的网络世界是物理世界发展延伸的产物，是物理世界的人基于自身各种需求而创造出的幻影生命。

幻影生命能够重现、虚拟（包括分解和重新组合）物理世界已经显现的物理信息，幻影信息后于物理信息而存在。物理世界的过去是已经发生的、具有确定信息的状态，元宇宙能够基于这些确定的信息和一定的运行规则重现物理世界的过去。

幻影生命能够部分预测但无法准确预测物理世界尚未显现的物理信息，即幻影生命不能通过获取空间世界的信息来预测物理世界的未来，不是智慧的预测；幻影生命只能通过物理世界已有的信息进行预测，其对信息进行计算、组合而得到的预测结果具有不确定性。物理世界的未来是尚未发生的、不被人们所知晓的状态，在元宇宙中，人们所看到的对未来的判断往往是基于对物理世界过去的认识和经验而进行的想象和算法推测。而物理世界是变化的，其信息对幻影世界而言具有不确定性，基于物理世界的不确定性进行想象和计算所生成的信息，呈现的也是一种不确定的未来。

七、神秘篇

1. 人们为何"敬鬼神而远之"?

"敬鬼神而远之"出自《论语·雍也》,是指对待鬼神,应持有敬畏之心,但不要对其过于接近或亲近。在中国传统文化中,"鬼神"是人们信仰和崇拜的对象,人们认为鬼神具有超自然的力量和神秘性。此外,这句话也表达了一种对未知事物的态度,即人应该保持一种谨慎和理性的态度来面对未知的事物。

"神"是处于空间世界的空间生命,其空间属性在物理世界体现为"预知性"和"主宰性","神灵"被物理世界的人们认为具有强大的力量、主宰着自然界的一切;"鬼"

是一种幻影生命，是人的物理生命的延续。"鬼"可能是人接收到的外部信息所产生的幻影，也可能是人的大脑活动所产生的幻影。人能通过自身的通信接口隐性感知到"鬼"的存在，而无法与其在物理上有所接触与交流。不明其理之人，将物理世界中的隐性感知现象认为是存在于物理世界的物理实体，而常常惧于"鬼"。

所谓"敬鬼神而远之"，是强调人在思想上树立对"鬼神"的正确认识，建立与"鬼神"的和谐关系。人应"敬鬼神而远之"，是因为"神"来自空间世界，"鬼"来自幻影世界，二者没有物理实体且神秘莫测。人受物理世界规律和变化的制约，难以理解空间生命并与之沟通，若强行与其建立联系，可能会亵渎"神"，对其自身产生负面影响；对于幻影生命，人也常常带有情绪而处之，难以客观看待。面对"鬼神"，人应保持距离，并常怀敬畏之心、行合律之事。

2. 许多人烧香拜佛求平安、求姻缘或功名等，如何看待人们供奉神明并向神明祈愿的现象？

人们常常会感觉自身的命理、运程、人生走向乃至姻缘或功名仿佛都被一只无形的手操控着，并认为这股力量可能来自——神明。于是，人们求神拜佛、虔心烧香，以求得到神明的启示和保佑。

神明是一种空间生命，人在烧香拜佛时可以借助香的烟

世界本原

气建立与空间世界的联系，实现通信。首先，烧香这一行为创造了心理放松、内心清净无杂念的外在条件；其次，烧香时所形成的烟雾作为一种外在的物理表象，实是信息通信的媒介。人们通过不断调节通信方式，实现与空间生命的通信，传递心愿。除了烧香之外，沐浴、斋戒、诵经、放生等仪式也有类似的作用，均为人们摒除杂念、凝聚心神，以便联通空间世界的一种方式。

同时，人们常感觉如今所祈之"愿"不如古时所祈之"愿"灵验。这是因为古时社会发展水平有限，人们的物质生活不及现代丰富，人们的活动与自然联系得更加紧密，外界信息的干扰有限，在"烧香祈愿"之时易保持内心净明。同时，古时污染较少，天清地明，物理生命与空间生命之间的信息通信通道更易搭建；现代社会的全面发展，带来了丰沛的物质生活，也带来了更多物理信息，过多的物理信息会干扰通信甚至掩盖原本的通信通道，加之内心也受外界信息干扰较多，更加浮躁无法专注于心中所愿，物理生命与空间生命之间的信息通信通道常处于闭塞状态。

此外，有些人独具慧根，内心澄澈，不易受外界信息的干扰，则无须借助烧香礼佛等外在仪式，本身便能与空间世界的"神明"形成通信。

3. 为什么有的人感觉自己受到了神明的指引？

对未来世界的认知，人们常将希望寄托于"神明"。一些观点认为：在文化和宗教等多种因素的综合作用下，神明的智慧和慈悲让人们感觉自己受到了神明的指引。

当人信仰某一宗教之后，这种信仰可以看作人与以"神"为代表的空间生命进行信息通信的过程。传递这一信息的通道是多样化的、不稳定的，每个信仰者获得信息反馈的方式和效果也存在差异。每个人的需求以及信息接收方式不尽相同，信仰者想要获得自己所需求的空间信息，就需要不断调整自己的信息通信接口和参数。

当一个虔诚的宗教信仰者将自身的信息通信接口、参数调整到能够接收到最多理想化信息的状态时，便能够获得其所需的宗教（空间）信息，同时过滤掉对自己无用的信息。若这些空间信息在信仰者往后的生活里对其产生了正面的影响，其信仰会进一步增强，从而促使其去接收更多的空间信息。此时，信仰者就能够真切感受到所谓"神明的指引"。

除此之外，当信仰者所接收到的空间信息是不完整的、碎片化的，其无论怎样调整自己的信息通信接口、参数，都无法获得自身想要的信息。于是，信仰者就会基于这些不完整的、碎片化的空间信息进行重新组合，最终生成符合自身需求的空间信息。信仰者往往也将这种重组后的空间信息称为"神明的指引"。

4. 为什么有些著名科学家晚年坚定地信仰宗教,例如牛顿?

著名的哥白尼是一位神父,伽利略、开普勒、第谷等很多当时的学者都有宗教信仰,同时,作为"近代物理学之父"的牛顿不仅留下了人们所熟知的力学三大定律、万有引力、微积分等理论,还有上百万字的神学笔记,并在晚年更加坚定自己的宗教信仰。

某些科学家在年轻或青年时期对自身的宗教信仰往往没有达到"坚定"的程度。其外在原因可能是科学家们早年的宗教信仰是出于文化或家庭传统,外界条件使得他们对宗教保持一定的认同,其并无"内心"坚定的信仰。内在原因则是人在这一时期,精力旺盛,思维敏捷,拥有强大的显性感知能力——物理思维,这种显性感知能力会让人接收到更多的物理信息。与此同时,人获取空间信息的隐性感知通信接口会被这些纷繁复杂的物理信息所掩盖,难以感受或接收到所谓"神"的"旨意"——空间信息。

某些科学家在晚年时期往往更加"坚定"自己的宗教信仰。随着时间的推移,人的信息通信方式逐渐发生了转换或改变。晚年时,人的物理机能下降,精力逐渐减弱,人的显性感知能力即物理思维随之变弱,从而使接收到的物理信息逐渐变少,那些被物理信息所掩盖的隐性感知通信接口则逐渐显现。这些科学家通过对宗教神明的信仰和礼拜等途径,不断调整自身的通信参数,最终接收到空间信息。这些空间信息成为他们所理解的——与自身宗教"神明"的互动及其体验,加之这些空间信息在物理世界中的"应验",都使他们在晚年更加坚定自己的宗教信仰。

5. 人出现"魔怔"的原因是什么,是否与鬼神有关系?

"魔怔"是民间常用的一个口语,用以形容举动异常、似有精神错乱的状态;除形容负面状态外,也形容"对事专心入迷,像着魔一样"的正面状态。

人出现"魔怔"状态,与鬼神无关,原因有三。

(1)是大脑管理平台失控所致。大脑是人体的管理平台,为满足人(用户平台)的需求管理着人的语言与行为,管理平台的失控会导致人体物联网的运行受阻或失控,从而使人表现出怪异的言行举止、精神等类似于"魔怔"的外在状态。

(2)是人体物联网中局部网的强化所致。人体的运行状态是个复杂多变的混合物联网,当人体局部的单体网或复合网的运行被强化时(如因亲人离世等情感上的重大打击,导致人们对以亲情需求为主的局部网不断加强,从而弱化了人

世界本原

体维持正常运行所需的其他物联网,如饮食网、睡眠网等),人整体的混合物联网无法协调运行,从而出现"魔怔"状态。

(3)是大脑诱导信息重新组合的过度反应。如人们在深夜时胡思乱想导致的恐惧和害怕,就是大脑对负面信息(幻影信息)进行重组而产生的过度反应,长期处于这一紧张、焦虑的状态下,也会导致人出现"魔怔"。

6. 有些人在亲人"头七"日发现屋子里有东西响动,看到了一些平常见不到的动物或痕迹,真的是亲人的魂魄回来了吗?

在中国传统文化中,头七是指亲人去世后的第七天。民间认为"头七"是亡灵在人间逗留的最后一天,也是最容易回魂的一天(回魂是指亡灵返回阳间看望自己的家人和亲友)。

亲人去世,人们往往会发现屋子里有东西响动或看到了一些平常见不到的动物或痕迹,其原因如下:

(1)人的物理生命停止运行,其灵性生命、物性生命附着在其他物理生命上,向其他人传递信息。发现屋内有响动是因为人接收到了已逝之人的信息。人的灵性信息和物性信息可以突破物理界限从一个物理生命附着到另一个物理生命之上。这一信息转移和传递过程存在三种可能的情况。

其一，该过程产生相应的物理信息，对物理世界产生影响，此时在场的所有人都能感受到相关的物理现象。

其二，该过程向亲人传递物性信息，不直接产生物理信息，只有亲人才能接收到这些物性信息。物性信息的传输通道往往与该物理生命本来的信息传输通道融合在了一起，具有一定的隐蔽性，与其他人不易建立通信。相较于其他人，逝去之人的亲人与之建立了更多的信息传输通道，打开了相应的信息通信接口，能够接收到已逝之人传递的诸如"屋里东西响动"的物性信息。

其三，已逝之人为了向亲人更有效地传递信息，让亲人"头七"时看到不常见的动物或痕迹。人与常见物之间、常见物与环境之间往往存在更为频繁的信息交互，已逝之人传递的信息被其他信息传递过程干扰或掩盖的可能性也就更大。物性生命和灵性生命需要选择与人、与周围环境通信并不密切的不常见物，这些不常见物更容易附着，更容易引起注意，以更有效地向对象传递信息。

（2）因已逝之人的亲人对其思念较深，将一些与已逝之人相关的物理信息在脑中重新组合，产生幻影信息，屋内响动和不常见的动物痕迹均是来自亲人的幻想，在物理世界从未发生。从另一个角度而言，亲人通过对已逝亲人在"头七"回魂的幻想，使已逝之人的生命在幻影世界得以延续，也是一种"回魂"。

世界本原

7. 对于世间万物是怎样形成和变化的，有过"神创论"和"进化论"，如何看待"神创论"和"进化论"？

对于世间万物的形成和变化，有过"神创论"和"进化论"。神创论出自《圣经·旧约》，认为人类万物皆由天主创造，同时，和谐、完美、有秩序的自然来自有智慧天主的精巧设计，每一物种和秩序都具有恒定不变的本质属性。中国古代也有"女娲造人""盘古开天辟地"等传说。进化论以达尔文的学说为代表，认为物种是可变的，现有的物种是在自然界的生存斗争中，通过一定的随机性和破坏性进化而来，即"物竞天择，适者生存"。

"神创论"和"进化论"阐述了世界演化的某一方面，没有展现出世界演化的全貌。

世间万物乃是从信息世界到时间世界，再到空间世界、物理世界，最后到幻影世界一步步演化而来。宇宙形成于空间世界向物理世界的延伸，所谓"三生万物"，空间生命可以理解为诞生物理世界万物的"神明"，万物即为"神造"。"神创论"在一定程度上阐述了空间世界向物理世界演化的过程。

世间万物的形成和变化还涉及"天物共融"这一方面。"物"可以通过自身的努力与"天"之运行相融，以实现自身的发展。"进化论"中所提出的"物和天相互选择"的要义与此部分相符。

除以上两方面外,世间万物的形成和变化还需要考虑到幻影世界对物理世界的影响。幻影世界由物理世界演化而来,能够作用于物理世界,影响物理世界中万物的物理活动。

8. "万物有灵"的"灵"是指什么?

"万物有灵",又名泛灵论,为发源并盛行于17世纪的哲学思想,其理论认为万物皆有灵魂或自然精神,并在控制间影响其他自然现象。

"灵"带有能量成分,是空间生命和能量子的结合。所谓"万物有灵",是指在物理世界中的人、动物、植物以及其他无生命之物,各自均有不同属性的"灵性"。人、动物和植物所具有的"灵"包括灵性信息和物性信息。其他无生命之物所具有的"灵"仅是物性信息,不包括灵性信息。"灵"兼有空间生命和物理生命的属性,使生物和具有灵气之物,能够打开自身的信息通信接口与空间世界建立信息通信关系。

9. 历史上每个民族都有自己的神明,这些神明从何而来?

历史上每个民族都有自己的神明,这些神明的产生存在三种情形。

(1)各民族所处的环境不同,不同环境的自然规律存在

世界本原

差异，各民族的人接收到不同的空间信息，这些空间信息涉及不同的空间生命，进而形成各具特点的"神明"。

（2）在物理世界中的人无法接触到空间生命，各民族、地区的人根据所在区域的特点，对大脑中已有的物理信息进行重新组合，形成了具有民族、地区特征的神明形象——幻影生命。这种被物化后的神明形象，实质上是一种幻影信息。

（3）各民族的人接收到少量的空间信息，对神明形成模糊认识，产生关于神明的幻影信息。在这种情况下，人通过努力打开更多信息通信接口，不断强化与空间世界的联系，接收到更多来自空间世界的空间信息。这些空间信息与已生成的幻影信息相结合，形成完整、清晰的神明形象。

10. 如何看待"得道成仙"一说？

得道成仙，是中国古代神仙思想中特有的一种关于生与死的想象和实践。人们认为在生死循环之后，那些修道、悟道之人能够进入"神"所在的时空。东晋葛洪所著《抱朴子·论仙》之篇章可作为对"得道成仙"的代表性论述，其中"夫求长生，修至道"一句阐述了"得道"与"成仙"之间的关系。

人身处物理世界，集空间世界、物理世界以及幻影世界中的灵性信息、物性信息、物理信息和幻影信息于一体。人在物理世界中的物理躯体是无法飞升成仙的，只有拥有灵性信息和物性信息的灵魂才能进入空间世界。"仙者"是超越物理世界和物理生命的存在，没有实体，可影响物理世界，产生世间的一切，处于空间世界中较好的位置，具有丰富的灵性信息。灵性生命能飞升成为"仙神"之人可能是人类的远古祖先，或是远古部落的首领，或是为人类社会做出过重大贡献的英雄，如黄帝、炎帝、夸父等，是物理世界中的佼佼者，相较于其他人具有更为丰富的灵性信息。

11. 如何看待"开光"这种为佛像或艺术品引入神灵灵力的行为？

"开光"常指一种供奉神像的宗教仪式①，也是从古代某种建筑物上窗户的形式演变而来的装饰方法②。信仰者通过虔诚的仪式和供奉神灵雕像，认为能够将神灵的灵力注入其中，使雕像具有神圣的力量。

开光是信仰者与空间生命的一种通信方式，包含实质性和象征性两种作用：其实质性作用是实现物理世界与空间世

---

① "开光"根据宗教不同分为佛教开光、道教开光等。开光最初来自道教，后来引入佛教，佛教的"加持"和"开光"统称为"开光"。《佛说一切如来安像三昧仪轨经》载："复为佛像，开眼之光明，如点眼相似，即诵开眼光真言二道。"佛像塑成后，择吉日致礼供奉，名"开光"，亦称"开眼"。
② 为使器物上装饰变化多样，或突出某一形象，往往在器物某一部位留出某一形状（如扇形、蕉叶形、菱形、心形、桃形、圆形等）的空间，然后在该空间内饰以花纹，称为"开光"。开光技法常见于景泰蓝、雕漆、陶瓷器皿上的图案装饰。

界之间的信息通信，通过开光这一行为形成信息通信接口，传递心愿，人接收到空间世界的信息，在物理世界中表现为心愿得偿、受神灵保佑等；其象征性作用为通过进行开光这一行为或仪式，使人的大脑产生现实生活被改变或被保佑的"幻象"，打通人与幻影世界之间的通信通道，对人有一定的内心安抚、心理安慰的作用。

12. 如何看待得道高僧圆寂时出现的虹化现象？

虹化作为一种佛教术语，是指得道高僧在圆寂时出现的一种神秘现象。据传，修炼大圆满到极高境界的高僧在圆寂时，其肉身会化作一道彩虹而去，进入佛教所说的空行净土的无量宫中。

人拥有空间属性、物理属性以及幻影属性。在人的物理生命走到终点之时，人或进入空间世界，或在物理世界继续转化，或进入幻影世界。相较于普通人，得道高僧打开了更多的信息通信接口，接收到了更多的空间信息，自身所具有的灵性信息更为丰富，在圆寂时更易进入空间世界。在高僧脱离物理实体，其空间信息进入空间世界的过程中，会释放出大量的能量，这些能量在物理世界中传递，则会出现"虹化"这种外在的物理表象。

八、梦也篇

1. 人类为什么会做梦？

梦的神秘性一直吸引着人们探求其万千表象下的真实面目。从《周公解梦》到《梦的解析》，人们尝试对已有的梦进行总结注解：或是思想和欲望驱使的活动，或是对强烈刺激的反应，或是灵魂之间的沟通。

人做梦的根本原因，是人在睡眠状态下信息接收机制和处理机制的改变，根据信息来源可归为三种情况。

（1）空间信息转化而来。人在睡眠状态下，身体进入无意识状态，清醒时不工作的通信接口打开，在通信接口、频率、参数等要素均符合条件的情况下，接收来自空间世界的空间信息，形成梦境。

（2）物理信息与幻影信息重组而来。人在清醒状态下，接收物理信息和幻影信息，处理加工后存储在大脑。睡眠状态下，大脑进入另一种活跃状态，调动存储的信息进行加工重组，形成幻境。

（3）前两种情况的组合形式。接收的空间信息和重组的幻影信息组合形成梦。梦中既有梦境，又有幻境。

2. 为什么说"日有所思，夜有所梦"？

"日有所思，夜有所梦"是人们清醒时高度关注的空间信息在做梦时复现的过程。

高度关注，故"有所思"。人们对于所思之事倾注精力，容易打开通信接口，形成通信通道，接收和存储事件相关信息。与"日有所思"相似的还有"日有所想"，但二者内涵相异。"思"为从空间世界获取信息，在大脑中显现形成梦境，相关事件可能在物理世界发生；"想"是从物理世界获取并存储信息，在大脑中重新组合形成幻境，所想之事不会成为物理世界的现实。

"夜有所梦"是对所获信息的处理加工。夜晚进入睡眠状态后，人受外界干扰程度小，白天获取的信息易被调用或重组进入梦中，形成梦境、幻境或梦幻组合境。当信息内容为空间信息，其来源便为"日有所思"，从而产生"日有所思,夜有所梦"的现象。

3. 人们会梦到未知的事情吗?如果梦到了,这些事情又来自哪里?

人会梦到未知的事,梦中的未知之事可分为三类,人们可能梦到其中一种或多种组合:

(1)所梦之事来自空间世界已发生、物理世界未发生的空间信息。人入睡后,身体打开通信接口接收空间信息,信息内容可能为物理世界将发生或不会发生的事件,于做梦者而言是未知的。

(2)所梦之事来自物理世界已发生,但做梦者自身未参与的空间信息。这类梦中的信息仍为空间信息,但做梦者在清醒状态下没有接收过对应的物理信息,在梦中接收到的事件相关空间信息,于做梦者而言是未知的。

(3)所梦之事来自人的大脑中产生的幻影信息。睡眠状态下,大脑对已有信息加工重组,创造新的幻影信息。来源信息虽为做梦者已知内容,但此时大脑的加工处理不依物理特性进行,重组生成的幻影信息是全新事件,于做梦者而言仍是未知的。

4. 梦中的内容是否具有真实性?

梦的主体为物理世界的人,梦中内容真实与否的判定依

世界本原

据为是否与物理世界的客观事实相符,物理世界的客观事实即在物理世界已发生的一切。

梦的信息来源有三种,依此分类讨论。

(1) 梦的内容为梦境。梦境来自空间信息,可能为物理世界已发生或将发生的一切,或是空间世界发生但物理世界不发生的一切。物理世界已发生的,具有真实性;物理世界将发生的,在未来具有真实性,现在"真"而不"实";空间世界发生但物理世界不发生的,在空间世界真实,在物理世界不真实。

(2) 梦的内容为幻境。幻境来自物理信息与幻影信息重组生成的幻影信息,在物理世界不会发生,不具有真实性。

(3) 梦的内容既有梦境,又有幻境。其可能不真实,也可能部分真实。

综合来看,梦中内容在满足一定条件下具有真实性,即来自空间信息,且仅包含物理世界已发生的事件。

5. 为什么人们梦见的事情,有的会发生,有的不会发生?

梦中有梦境,亦有幻境。梦境在满足一定条件时会在物理世界发生,幻境不会在物理世界发生。

空间信息形成梦境,梦境是空间世界所存在事件的转化和体现。梦境在物理世界转化的本质是空间世界的空间信息转化为物理信息，实现转化需要梦境具备一定的条件：空间信息的接收和大脑的处理加工遵循原状，且物理世界的人也做好了实现梦境的准备。如《史记·殷本纪》所载："武丁夜梦得圣人，名曰说。……於是乃使百工营求于野，得说於傅险中。……举以为相，殷国大治。"武丁在梦中接收到空间信息，并举国遍寻，方才找到梦中的圣人说，殷国得以迎来"武丁中兴"。信息接收和处理加工不完整、物理条件不充分的梦境则无法成为现实。如"黄粱一梦"中，卢生梦中所得荣华富贵在物理世界没有条件支持，便不会成真。

幻影信息形成幻境，幻境是已知信息的转化。物理信息与幻影信息的加工重组脱离了物理世界的现实，在物理世界不会发生。

6. 为什么有的梦能记住，有的梦记不住？

梦被记住是梦中信息被接收并存储的过程。

信息的接收方式取决于信息类型。梦中有空间信息和幻影信息，空间信息又分为灵性信息和物性信息。灵性信息为人之心所感，需反馈至大脑才会被存储；物性信息为人之脑所感，感知和存储均在大脑中进行。幻影信息为已有信息的重组加工，亦可存储。信息需在大脑中存储，才能形成记忆，被人记住。

记忆有短期和长期之分。有的梦可暂时记住，但很快便遗忘,有的梦则经年累月仍然鲜明。这种区别与信息密度、大脑存储能力和处理机制相关。信息密度越大,大脑存储能力越强,处理机制判断的记忆需求程度越高,梦在大脑中形成的记忆越能长期存在。反之,记忆转瞬即逝。

7. 如何看待庄周梦蝶现象?

"庄周梦蝶"[①],通过对梦中变化为蝴蝶和梦醒后蝴蝶复化为庄周的描述与探讨,提出了人不可能确切地区分真实与虚幻和生死物化的观点。人们亦常用"庄周梦蝶"感叹人生的虚幻无常,情之惘然,实则内里主体身份的转换暗含不同世界的相通与转换。

庄周梦蝶,其间信息传递的方式是多样的。

情况一:"庄周"梦"蝶","蝶"未梦"庄周",这是庄周单方面地接收到了蝶的信息。关于"蝶的信息",也分为两种:一是蝶的信息来自物理世界不存在的信息,那么梦中所见之蝶,可能是来自空间世界的信息,这类信息具有对事件或事物的预见性,在未来的某天,庄周也许能遇见所梦之蝶,此为空间信息。蝶亦可能是庄周大脑内对已知信息的一种重新组合,此为创造的幻影信息。二是蝶的

---

① 《庄子·齐物论》:"不知周之梦为胡蝶与,胡蝶之梦为周与?周与胡蝶,则必有分矣。此之谓物化。"

信息来自物理世界,如蝶为庄周几日前在花园中所见,此为物理信息,或蝶为庄周在书中所见,此为接收的幻影信息,均有可能。

情况二:"庄周"与"蝶"互梦,庄周与蝶在梦中相遇,并互动,形成信息的互通。"互梦"又分为两种情况:一是庄周与蝶同时"互梦",梦中建立通信通道,信息互通,庄周与蝶均能获取到对方的信息;二是蝶先梦到庄周,庄周后梦到蝶,蝶的信息传递给庄周。

情况三:"蝶"梦"庄周","庄周"未梦"蝶"。在与空间世界的通信参数错误或自身关闭了通信通道等情况下,庄周缺乏通信条件,蝶单方面接收到了庄周的信息,但蝶的信息并未传递给庄周。此种情况虽存在,但已不属于"庄周梦蝶"的范围。

"庄周"与"蝴蝶"之间的沟通(转换),是通过"梦"来实现的。"庄周"与"蝶"或有空间之异、物种之别,却能通过梦境的联系,将此空间、物种之别打破,两者建立起通信,生命形态的信息互相转化,不再拘泥于"庄周""蝴蝶"之分,达到信息转化的自由。

8. 如何看待亲人托梦现象?

亲人故去后,人们仍会在梦中见到亲人。古籍中有载枉死亲人的鬼魂出现在生人梦中诉说冤屈,嘱托事务(如宋代

世界本原

李昉等所著的《太平广记》①、元代陶宗仪所著的《辍耕录》②等);人们亦会在梦中与故去亲人如常相处,仿似他们从未离开。这种现象被称为"亲人托梦"。

"亲人托梦"可分为三种情况。

其一,亲人相关的空间信息入梦。人们在睡梦中接收到与亲人有关的空间信息,以亲人诉说的形式表现。例如,《太平广记》中,梦中经旷所言之事在物理世界已发生,但经旷之母未参与,是完全未知的。经旷之母在睡眠中打开通信接口,以获取到关于此事的空间信息。

其二,做梦者自身创造亲人的幻影信息。人们对亲人的物理信息十分熟悉,因极度思念,在大脑中反复温习。睡梦中,大脑对与亲人相关的物理信息加工重组,创造幻影信息,营造亲人尚在的幻象。思念越强、越深,幻影信息便越丰富。

其三,既有物理世界已发生或未发生的空间信息,又有

---

① 《太平广记·卷一百一十九·报应十八》关于经旷的故事:"河间国兵张粗、经旷,二人相与谐善。晋太元十四年五月五日,共升钟岭,坐于山椒。粗酒酣失性,拔刀斩旷。旷托梦于母,自说为粗所杀,尸在涧间,脱裳覆腹,寻觅之时,必难可得,当令裳飞起此处也。明晨追捕,一如所言。粗知事露,将谋叛逸,出门,见旷手执双刀,来拟其面,遂不得去。母遂报官,粗伏辜。(出自《还冤记》)"
② 《辍耕录·卷三》:"韩名希孟,年十有八,魏公五世孙,襄阳贾尚书之子琼之妇,死且三十年。而其英爽不昧,复能托梦赵魏公,为书其诗,则节妇之名,因公之翰墨而愈不朽矣。"

已有信息重组生成的幻影信息。"亲人托梦"的信息内容有多种可能性,或真或假,或亦真亦假,难以分辨,人们往往不知梦中亲人所述是否为事实。

9. 人们有时为什么会出现黄粱美梦①、南柯一梦②的状态?

"黄粱美梦"出自唐代沈既济《枕中记》,卢生在梦中享尽荣华富贵,一觉醒来,店家的小米饭还没熟。此后,"黄粱美梦"被用于指代不切实际、无法实现的美梦;"南柯一梦"则出自唐代李公佐《南柯太守传》,淳于棼在大槐国任南柯太守,娶公主为妻,享尽富贵,醒来发现是大梦一场。"南柯一梦"通常指代一场大梦,也用于比喻人生如梦、富贵无常。

黄粱美梦与南柯一梦的本质为梦境、幻境或梦境与幻境的组合。

一为"梦境",即梦中内容皆为空间世界的空间信息,

---

① 出自唐代沈既济《枕中记》:"卢生欠伸而悟,见其身方偃于邸舍,吕翁坐其傍,主人蒸黍未熟,触类如故。生蹶然而兴,曰:'岂其梦寐耶?'翁谓生曰:'人生之适,亦如是矣。'"卢生在邯郸客店遇道士吕翁,自叹穷困。吕翁取青瓷枕让卢生睡觉,这时店主正在煮小米饭。卢生在梦中享尽荣华富贵,一觉醒来,店家的小米饭还没熟,接触到的东西和原来一样。卢生急切起来,说:"难道那是个梦吗?"吕翁对卢生说:"人生所经历的辉煌,不过如此啊。"

② 唐代李公佐《南柯太守传》记载,淳于棼(fén)在大槐国享尽富贵,醒来发现是一场梦。

由做梦者的大脑偶然接收,并通过物理信息的形式展现,包括升官晋爵、日进斗金、锦衣玉食等,物理世界将来可能发生,也可能不会发生。

二为"幻境",即所梦的内容都是人内心欲望的信息内容,由于人向往富贵、权势、美貌、才德等,于是梦中大脑主观地将物理世界的物理信息进行重组加工,传递到梦中,所梦内容便是做梦人根据自身所求、所欲之事,主观地为自己创造的幻境。做梦之人在梦中有意识地延长幻境的状态,因此可能在梦中度过富贵而美好的一生。

三为"梦幻组合",即空间信息与幻影信息的组合梦境,梦中之景如雾里看花,虚虚实实,实实虚虚,以致让人分不清梦境与现实。

因此黄粱美梦与南柯一梦共有三种可能的形式:①梦境:梦中内容在空间世界已发生,梦中美好、富贵的生活将来在物理世界也可能发生;②幻境:由人将所见、所思的物理信息在大脑中重新组合而成,梦中幻境是人未曾经历但心中所想的事情;③梦幻组合:梦中内容既有大脑接收的空间信息,也有重组加工的幻影信息。

10. 如何看待两人做同一个梦这种现象?

两个人做相同的梦并不多见,但确有发生。这种现象发生的原因主要是两人在物理世界中存在共性或存在感应。

（1）存在共性：共性意味着两人的个体差异小、生活重合度高。这种共性主要产生于至亲、情侣或密友之间，三种较为典型的共性为：①相似环境；②相似事件；③相似情绪或言论。共性往往传递出相似的物理信息和空间信息，在共性的影响下，两个不同的人接收到同样的信息内容，梦中的信息重组便可以造就同样的梦。

（2）存在感应：梦是一种信息通信方式，如果两个人接收信息的接口、频率、参数等要素均相同，就能建立通信通道，接收彼此的信息，体现为心灵感应。梦作为二者通信的一种方式，也表现出相同的梦境。同样地，这种感应现象也更容易出现在有血缘关系或关系较为亲密的两人身上，因为他们往往有着更加相近的通信要素。

11. 为什么人在焦虑、紧张时可能会做噩梦，人的情绪是如何影响梦的？

梦境内容是各种信息本身和重组后的反映，进入梦中的信息由通信接口、频率、参数及大脑处理机制决定。情绪的变化往往带来通信接口、频率、参数的改变，从而接收到与情绪相对应的信息，或使大脑的处理机制发生改变，加工重组后产生相应信息。

（1）大脑通信接口、频率、参数等的改变

人在焦虑、紧张的情况下，大脑活动受到短期或长期的压抑，睡眠状态下倾向于打开接收负面信息的通信接口，同时调整频率和参数，使得空间世界中的负面空间信息更易进入梦境，形成噩梦。反之，若人心情舒畅，感到喜悦，睡眠状态中便更易接收到空间世界中的正面空间信息，形成美梦。

（2）大脑处理机制的改变

在情绪影响下，人的大脑对信息的处理机制也会发生变化。若人在睡前拥有强烈的情绪，进入睡眠状态后大脑便会十分活跃，在对已有信息重组加工时，易于创造与情绪相关的幻影信息。

12. 如何看待清醒梦？

人在做梦时能够保持意识清醒，甚至能思考和记忆的梦，被称为清醒梦。

清醒梦的形成机制与其他梦相通，但有其特殊性。大脑不同区域的功能和状态各异，一般情况下，主导清醒的区域和主导睡眠的区域不同时活跃。清醒梦中大脑保持意识清醒的区域仍处于活跃状态，且能主导睡眠时的活跃区域。两区域间建立通信，后者形成幻境，前者则可意识到幻境存在，向后者传递信息改造幻境。

通信要素与清醒梦的形成密不可分，打开通信接口，梦中自我意识方可觉醒；调整频率、参数等，两区域通信环境相应变化,清醒梦的可塑性亦随之改变。冥想、禅定、催眠等方式可锻炼大脑功能,增强其对通信要素的管理能力,从而提高清醒梦的发生概率。

九、缘因篇

1. 因果关系是如何成立的?

世界万物普遍联系,一切事物皆有其起因,一切事物皆产生后果。因果关系考察以事物的发展变化为对象,从"偶然"中去发现"必然",从大千世界的变化中抽象出相对固定的规律。正所谓"前因后果",因果关系往往表现为原因在前、结果在后。

因果关系的成立,可分为两部分来看待。其一,因的部分,因由天定,在空间世界中,作为因的空间信息已经存在,这种信息可分为高密集信息和低密集信息,代表着因的不同强度;其二,因转化为果的部分,人接收空间世界的信息,形成果，这一过程分为上天推动和人为推动两种情形，前者体现为空间世界的高密集信息直接被人所接收，后者体现为人调整自身通信状态去强化接收空间世界的低密集信息的能力。

原因和结果的联系是客观的、普遍的，从"因"到"果"是一个系统性转化的过程，此过程存在于"因果物联网"中——"因"是用户需求，因果关系由需求推动，"果"不一定完全由起因决定，"果"与因果物联网中的各环节环环相扣，因果物联网的闭环运行最终导致了"果"的产生。因果物联网的闭环运行存在多种方式，在现实中表现为形式复杂多样的因果关系：一因多果，同因异果，一果多因，同果异因，多因多果，等等。

2. 人的选择和努力能否打破因果关系？

人的选择和努力能否打破因果关系？需要视因果关系本身的情况而定。当因的信息处于高密集区，人接收信息的状态较好，因果关系中的因果关联度处于高强度区间时，因果关系几乎无法被打破，人的选择和努力能够产生的影响极小；当因的信息处于中密集区，人接收信息的状态一般，因果关联度处于中强度区间时，人的选择和努力可产生一定影响，可能打破因果关系；当因的信息处于低密集区，人接收信息的状态较差，因果关联度处于低强度区间时，人的选择和努力可产生较大影响,能够打破因果关系。

因果关系构成的物联网如图16所示。在内外部环境等条件不变的情况下,不施加其他动力或阻力(顺其自然,不做管理和干预),一种起因通常产生某种可以预测的、大概率会发生的结果,形成"因果网"。当人做出了"管理1"的选择和努力,即在原有的因果网里增加了"因1",这一干预造成了内外部环境等条件的改变,导致原本大概率会发生的结果变成了"结果1",形成"变化的因果网1";当人做出了"管理2"的选择和努力,即在原有的因果网里增加了"因2",将结果变成了"结果2",形成"变化的因果网2"。此外,还存在其他更多因素干预的可能性,构成复杂的因果关系复合物联网或混合物联网。

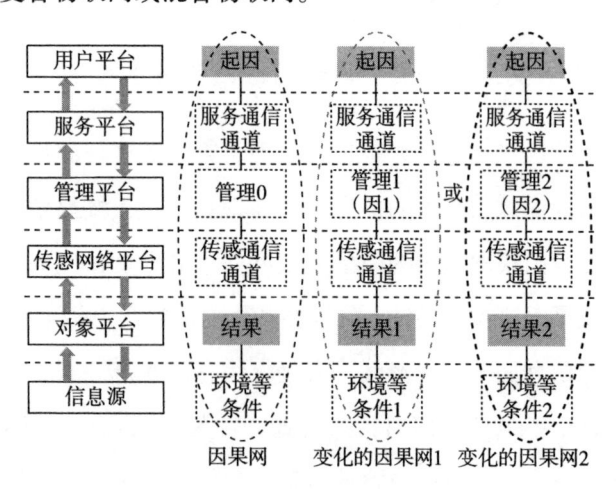

图16 因果物联网

3. 人们常说"行善积德"，多行善事就能够积德吗？

善，本义是指美好、吉祥，行为和思想符合道德规范。行善，对他人有利的、好的行为和思想即"行善"，关键在于"善事"，同时也需要出于"善心"，做到"知行合一"。德，是对信息运行规律的正确理解。积德，是指增加、累积对信息运行规律的正确理解，也常用于指积累福气、好运。

多行善事是否能够积德分为三种情况：一是"积阴德"。人出于利他之心行善事，不求回报，与善的空间信息的运行相契合，打开更多的通信接口，接收更多来自空间世界的信息，在与空间信息的高密集通信中加深对信息运行规律的理解，在空间世界中积累的"德"可以反馈到物理世界。二是"积阳德"。人出于善心行善事，让他人知晓，于空间世界中积累的"德"可以体现在物理世界和幻影世界，使人在物理世界和幻影世界有更好的体验。三是"做善事"并加以宣传。人为了获取利益而做善事，不是出于善心，不一定是"行善"，属于对空间信息运行规律的错误理解，不能"积德"，其结果只能在物理世界和幻影世界得到表现。

《易传·坤文言》有云："积善之家，必有余庆。""行善积德"，形容的是一种因果关系，即行善为因，积德为果。在物理世界做善事、种善因能够积德，得到善果。积累的福

世界本原

德通常存在于空间世界,不一定能在物理世界直接体现,现世之因不一定能直接转化为现世之果。积累的福德在空间世界中不会消失,未转化为现世之果的现世之因可能会在后世显现。所谓"善有善报,恶有恶报,不是不报,时候未到",即指人种下的善因或恶因终会形成善报或恶报,只是报应到来的时间并不确定。

4. "种瓜得瓜,种豆得豆"和"有意栽花花不发,无心插柳柳成荫"说的都是因果关系吗?两者有何区别?

"种瓜得瓜,种豆得豆"源自《涅槃经》中的"种瓜得瓜,种李得李"一说,比喻做了什么事,就会得到什么样的结果。"有意栽花花不发,无心插柳柳成荫"[1] 意为:用心地栽花、施肥、灌溉等做了很多,花却总是不开;随意折下来的柳条插在地里,从未细心照料,却长成了郁郁葱葱的柳树。比喻有心去做的事情常常做不成,无心去求的事情反而不请自来。

两者说的都是因果关系,区别在于,"种瓜得瓜,种豆得豆"强调两级因果关系都是强因果关系;"有意栽花花不发,无心插柳柳成荫"强调的是两级因果关系下的强、弱因

---

[1] 出自《增广贤文》上集。

果关系的区分，形成因果错位，其中前半句强调"种"的强因果关系和"长"的弱因果关系，后半句强调"种"的弱因果关系和"长"的强因果关系。

在"种瓜得瓜，种豆得豆"中，种瓜人和种豆者有种下种子以求收获的明确意愿和需求，"种瓜"与"得瓜"、"种豆"与"得豆"形成"种"的强因果关系；同时，符合自然规律，生长环境适宜，以"瓜田"与"得瓜"、"豆田"与"得豆"为代表的"长"的因果关系形成强因果关系。

在"有意栽花花不发，无心插柳柳成荫"中，前半句说栽花人"有意"，愿望强烈，"有意"与"花发"形成"种"的强因果关系；以种子落下为节点，"花不发"，可能是由于栽花人不懂得花开的基本规律，或者没有适合的土地、适宜的气候等，不具备"花发"的条件，如此再怎么努力栽培都是徒劳，以"土地"与"花发"为代表的"长"的因果关系形成弱因果关系。后半句"无心插柳柳成荫"，插柳人是"无心"之举，主观意愿较弱，"无心"和"柳成荫"形成"种"的弱因果关系；以种子落下为节点，在适宜的环境中，"柳枝"奋力生长，保持良好的通信状态，具备相应条件，最后"柳成荫"，以"土地"与"柳成荫"为代表的"长"的因果关系形成强因果关系。

世界本原

5."蝴蝶效应"或"多米诺效应"讲的是因果关系吗?

"蝴蝶效应"或"多米诺效应"讲的是因果关系,更准确地说,讲的是多级因果物联网下的因果关系。强关联的因果关系经过多级转化会逐渐变弱,最终变成弱关联的因果关系。在多级因果物联网中,蝴蝶所在的因果物联网只是整个物联网系统中的次级网乃至边缘网,对飓风所在的主网和整个物联网系统的影响有限。

"蝴蝶效应"或"多米诺效应"均指初始值的极微小扰动造成系统巨大变化的现象。蝴蝶效应原本是混沌学中对复杂系统的经典比喻,指出复杂系统往往不能用单一的、线性的因果关系来解释,最细微的因素也可能经过一系列连锁反应引发复杂系统的巨变。在日常生活中,"蝴蝶效应"往往被人们表达为"巴西某只蝴蝶扇动一下翅膀必然会引发得克萨斯的一场飓风",对飓风的形成进行单一溯因,夸大了这种概率,忽略了系统的复杂作用过程,用简单的单体物联网来解释复合或混合因果物联网。

在"蝴蝶效应"或"多米诺效应"所讲的因果关系中,蝴蝶扇动翅膀、某一个多米诺骨牌的推倒或放稳只是产生最终结果的其中一个原因,可能不是主要原因。蝴蝶扇动翅膀造成气流的微小改变,直到形成超强气流——风力为12级以上的热带气旋，才发展为飓风，这一过程经过了多次组网，蝴蝶振翅与形成飓风之间已经不是直接的、唯一的因果关系了。

6. 人们常说"因缘相关"，"因"和"缘"之间是什么关系？

物理世界的万物由因、缘而生。因，源自空间世界中的空间信息，是空间信息作用于物理实体的表现。因是因缘物联网中用户平台的主要需求，是导致结果产生的主要原因。缘，作为空间信息，是"因"的一部分，缘的信息来自因的信息，"因中有缘"；作为空间信息作用于物理实体的表现，是因产生结果所需的外部条件与机会。因与缘的共同作用形成果。

在因缘物联网中，缘起源于因，如图17所示。因是用户平台的需求，信息在因缘物联网中运行时，由因生出相应的缘。缘有可能会在因缘物联网的服务平台、管理平台和传感网络平台及其信息传输过程中出现，对结果产生或大或小的影响。因和缘共同发挥作用，最终在对象平台形成果，通过物理形式表现出来。

缘在一定条件下会转化为因，果由用户平台的起因和其他因共同决定，缘是物理实体实现因的外部条件，在显现时有可能成为起因，成为用户平台的主要需求并产生相应的果，也可能成为因缘物联网中的其他因，对果产生影响。

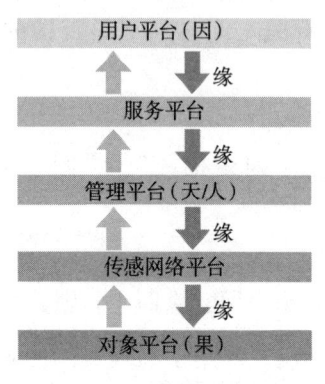

图17 因缘物联网

7. "缘"和"分"之间有什么关联？

"缘"与"分"的关联，是空间世界与物理世界之间的关系。"缘"是空间世界的存在，"分"是物理世界的表现，"缘分"即空间世界的存在于物理世界中的表现。在现实生活中，"有缘分"泛指人与人或人与事物之间发生联系，意味着在空间世界和物理世界中，"有缘分"的双方都具备较强的关联度。

"缘"作为空间世界的已有存在，是"分"能产生的原因。"分"不仅受"缘"的影响，其身处物理世界，也受一定物理条件的影响。如"有缘无分"，两个人在因缘巧合下走在了一起，却出于某些原因不能一直走下去，最终造成了咫尺天涯、难以相聚的局面。"有缘无分"的双方在空间世界具有较强的关联度,但在转化为物理世界的"分"的过程中,缺乏良好的外在条件,导致两者在物理世界没有形成足够密切的联系,甚至在阴差阳错中彼此错过。

8. 人们感觉"前世的五百次回眸,换得今生的一次擦肩而过"①,缘分是可以累积的吗?

"缘分"可在空间世界和物理世界的因果循环中不断累积。"缘"作为空间世界的一种信息联系,可通过空间世界的信息转化所累积,使得信息的弱联系逐渐变为强联系。"分"作为这种信息联系在物理世界的表现,可为人在物理世界中付诸的努力所累积。

缘牵三世,"缘"是空间世界的一种信息联系,其累积量取决于空间世界的信息转化量。正如人们所说的"前世的五百次回眸,换得今生的一次擦肩而过",不知累积到何种程度能作用于空间信息的转化,人们依然愿意为了美好的愿望而不懈努力。当作为空间世界信息的"缘",顺利在物理世界中显现,"分"得以生发。缘与分的联结和交互与人的行动息息相关,更多、更有效的行动会促进"缘"更好地显现,"分"的累积量取决于物理世界中人所付诸的努力的总量。

---

① 出自席慕蓉的《回眸》。

9. 缘分的获得是主观能动的还是被动的？人可以创造"缘分"吗？

缘分的获得既有主观能动的一面，也有被动的一面，需要将"缘"与"分"区别看待。"缘"无法被人为创造，人可以通过调整自身的通信接口，去接收更多与"缘"相关的信息，实施更多促成因果转化的行为，进而为自己创造"分"。人创造的"分"可以影响原有的因果关系，生成新的因果关系，形成新的"缘分"。此种"缘分"不一定即时显现，可能会在更久远的将来起作用。

人可以被动地获得"缘"。"缘"本质上是客观存在的空间信息，不由物理世界的人决定，人接收"缘"需要先打开自身的通信接口，这是遇到"缘"的前提条件，人遇到任何"缘"之前都处于相关通信接口开启的状态。人在自身的因果网中，因缘相关，会被动接收与"因"有关的一些"缘"，平日不带目的、偶然遇到的任何人和任何事都可能属于被动接收到的"缘"。有时，人无法直接或即刻感知到被动获得的"缘"与"因"之间的联系，当果发生时，因、缘的联系可能才会显现。

人可以主动地创造"分"。当人感知到自身的"因"并且有一定想要达成的"果"时，可以不断调整自身的通信方式，打开更多的通信接口，接收更接近"果"的信息，这些信息可助其形成"分";同时增加接近"果"的行为,这些行为也可促进"分"的实现。所谓"常作有子事,虽注无子,亦改注有子。若常作无子事,虽注有子,亦改注无子也"①,说的就是这个道理,有强烈所渴求的"果"(生子),会为了"果"(生子)而不断调整信息通信方式与行为去实现"缘""分"转化,最后影响命定的"因"(无子)。

10. 缘分可以断除吗,如何阻止一段缘分的产生?

"缘"来自空间世界,相关空间信息一直运行,"缘"一直存在,无法被切断;"分"在物理世界中显现和运转,可以被某种物理方式所阻止或打断。阻止一段缘分的产生需要阻断"缘"和"分"之间的联系,或利用其他信息进行干扰,使"缘"所在的物联网变为边缘网,降低有"缘"的两者在物理世界中的关联度(分),使空间世界的信息联系无法在物理世界表现出来,如图18所示。

"缘"在空间世界形成,落到每个具体的人或物上时,可能成为一种悲剧性的命运安排,俗称"孽缘"。孽缘往往是指恶劣的缘分或者命运。面对此种"缘分",人可以通过某些物理方式使有"缘"的两者在物理世界中作为"分"的

---

① (清)纪昀.《阅微草堂笔记》卷十二《槐西杂志二》[M].北京:北京燕山出版社,2007:223.

世界本原

关联度降低,从而阻止两者"缘分"的产生。

由"缘"到"分"需要一定的条件,要阻止"缘分"的产生就要改变"分"形成的条件。如改变两者之间形成缘分的环境条件:缘分作为人与人之间的纽带,连接着不同的人的生命轨迹,当人改变当下所处的环境和生活方式,其人生轨迹也会随之发生改变。又如改变两者之间形成缘分的时间节点:缘分的形成需要合适的时间节点,只有处于"恰好吻合、正巧一致"的状态,"缘"才能够在物理世界表现为"分",当合适的时间节点来临,人没有在此时对"缘"进行转化,"缘分"在物理世界便不会显现。

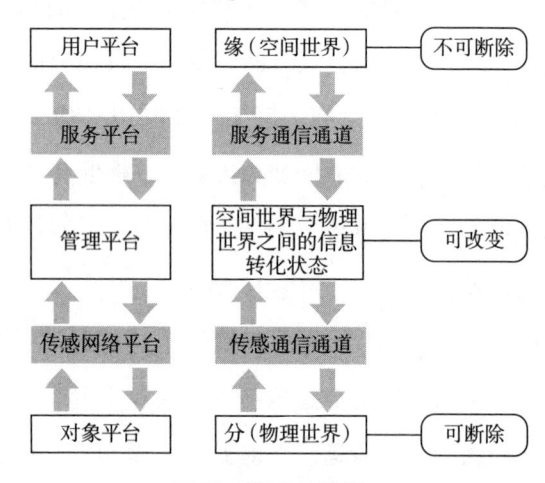

图18 缘分物联网

11. 人们常说"有缘千里来相会，无缘对面不相识"，缘分与人们的相会相识有什么关联？

缘分对物理实体的作用是创造空间世界信息在物理世界实现转化的机会，促进人们相遇、相识、相知。其中，"缘"是物理实体现实互动和深层联结的前置条件，"分"是物理实体实现"缘""分"结合的具体行动。

"缘"在空间世界描绘了物理世界万物之间诸多关联和可能性，可以引导万物在物理世界的相遇，即"有缘千里来相会"。空间世界可衍生出将要在物理世界发生的万般事物，当某些事物间的"缘"之信息在空间世界中不存在时，这些事物便不会在物理世界中展开互动、缔结更深层次的联系，即"无缘对面不相识"。"缘"为物理实体提供可能的运行轨迹，为其创造相遇、相识、相知的先机。

能否把握先机、珍惜和实现这段"缘"，需要看空间世界的信息在物理世界的表现——"分"的作用。在发觉机缘，甚或迷茫不定时，均能积极行动，恰如其"分"地面对生活，才能"缘""分"相通，转化成物理世界的相聚。有缘有分方能发生深厚的联系，有缘无分则相会亦难相伴相守。"分"为物理实体的相遇、相识、相知搭起现实的桥梁。

12. 为什么有些人会一见钟情（一见如故），有些人却怎么看都不顺眼？

有时人们会对初次见面的人一见钟情后爱上对方，有时人们初见便相谈甚欢，仿佛相识已久。同时也有第一次见面便觉得彼此气场不和、互相看不顺眼的情况。这些看似没有征兆、突如其来的人和人之间的互动反应，是空间世界中缘分信息的自身性质和人对缘分信息的接收情况在物理世界中的体现。

空间世界的缘分信息反映到物理世界时会体现为人与人之间的缘分。"有缘"的两个人在空间世界中就已建立了联系，不同的"缘分"对应着不同的空间世界联系状态，一见钟情或一见如故与一见生恶分别是"有缘"的两种极端情况。

当正面的缘分信息在空间世界中密度较高，向物理世界的传输密度也较高，人也具备相应的信息接收条件时，人接收到缘分信息，就会出现一见钟情或一见如故的情况；当只有其中一个人接收到时，呈现为单方面的一见钟情或一见如故；当两个人都接收到时，呈现为双向的一见钟情或一见如故。

当负面的缘分信息在空间世界中密度较高，向物理世界的传输密度也较高，人也具备相应的信息接收条件时，人接收到缘分信息，就会出现一见生恶的情况：当只有其中一个人接收到时，呈现为单方面的一见生恶；当两个人都接收到时，呈现为双向的一见生恶。

当两个人在空间世界不存在联系，或缘分信息在空间世界中密度较低，或缘分信息向物理世界的传输密度较低，或两个人不具备相应的信息接收条件时，两个人都无法接收到缘分信息，彼此有可能在物理世界不会产生交集，即"无缘"。

十、命运篇

1. 如何看待人们常说的"命由天定"?

人们常说的"命由天定",是指关于人的一切皆是"冥冥之中自有安排"的,任何人都无法从自我命运的轨迹中跳脱而出。

"命"是对空间世界的反映,体现空间信息与物理信息之间的强联系,是命运中的基本(确定)因素,是人确定的生命走向,是人与空间世界通信的主网;"天"是指空间世界,空间信息在其中运行,空间生命是一种特定的空间信息。"命由天定"是指包含空间生命在内的空间信息,在空间世界中按照一定的轨迹运行,"命"反映出空间信息的运行状态，在空间世界中已经存在，由"天"所决定。

空间世界中存在多种空间生命，空间生命以及更广泛的空间信息的运行会反映在物理世界中，就确定了物理世界中万物的主要运行轨迹，这便是万物"命"的由来。同时，在空间世界运行的多种空间信息中，不是每一种空间信息都能在物理世界得到显现，信息的显现还需要找到"转化"的合适机缘，这种合适机缘即被称为"运"。"命""运"二者的结合就成为万物运行之律。

2. "运气"是什么，佩戴寓意吉祥的饰品（黄金、珠宝等）是否可以改变运势？

"运"是空间信息向物理信息转化的过程，体现空间信息与物理信息之间的弱联系，是命运中的可变因素，是人与空间世界通信的次网（大运）、次次网（中运）、边缘网（小运）、游离网（游离运）；"气"是物理生命从空间世界接收信息的通道（之一）。两个世界之间彼此通信的接口畅通时，空间信息可以向物理信息转化，让空间世界的信息得以被物理世界接收，并在物理世界中彰显，表现为人的"运气"。人的运气是命运的一部分，是命运在物理世界中具体事件上的体现。

运气有好、坏之分：正面空间信息向物理信息转化顺畅，被人有效接收，表现为好运；正面空间信息向物理信息转化

151

世界本原

不顺,难以被人接收,则表现为运气平平;负面空间信息转化为物理信息,被人接收,则表现为厄运。好运和厄运通过人经历的具体事件、身体状态、情绪等来表现。人行好运时,通常表现为事事顺心、身体健康、心情愉悦;人行厄运时,可能表现为屡遭挫折、身体状态和情绪欠佳。做某事的顺畅程度也可直接用有无运气来形容,做某事顺畅则有运(或行运、走运),反之则无运。常见的运气包括财运、官运、桃花运、夫妻运、子孙运、父母运等。

佩戴寓意吉祥的饰品是一种增进与空间世界正面信息的通信的方式。佩戴吉祥饰品,寄托佩戴者对好运气的期待、对未来的美好祝愿,潜移默化中佩戴者的行为和思维也会逐渐向产生好运的方向靠近。佩戴者通过不断调整自己的通信方式,打开与空间世界的通信接口,破除与空间世界通信的阻碍,正面空间信息向物理信息顺利转化,从而可能接收到更多的正面空间信息。如此可能会迎来好运,也可能得以规避险境,将正面的空间信息转化为物理信息,将厄运转化为好运。

3. "命"和"运"之间是什么关系?

"命"和"运"究其根源,皆在于空间世界,是空间世界和物理世界的关系的体现,两者反映到物理世界都是关于个人和社会发展轨迹的重要因素。"命"和"运"相互关联,

"命"反映的空间信息可影响物理生命发展的起点和最终达到的状态,"运"在"命"的基础上发挥作用,受到"命"的限制;"命"通过"运"在物理世界中得以实现,空间信息的转化程度受到"运"的影响。

"命",是空间信息的一种表现形式,决定物理世界某种信息存在的可能性。命对人的一生产生决定性的影响。一个物理生命通常不止一条发展轨迹,通常这些发展轨迹不会在物理世界完全显现,其需在"运"的作用下继续进行转化,最终往往呈现出一条主要的、不可抗拒的独特发展轨迹。命为人的一生奠定基础,这种基础在很大程度上影响着人在成长和发展过程中所面临的机遇和困境,以及人所能达到的成就和地位。命对人的影响具有相对稳定性,在长期历程中逐渐变得清晰、明朗。

"运",是迁徙、流转等状态变化过程及其契机,是空间世界与物理世界之间进行信息转化的时机与环节。运决定个人机会的分配,从而影响个人的成就。"运"在"命"影响的发展起点和最终状态之间流转,可分为大运、中运、小运、游离运。

其中,大运、中运、小运具有持续性,会对人的一生产生固定的影响。大运是人与空间世界通信的次网,对人的一生产生较大的影响。中运是次次网,对人的一生产生中度的影响。小运是边缘网,对人的一生产生较小的影响。人可以通过努力获取固定信息，去影响大、中、小运。

游离运是游离网，具有突发性和高度的不确定性，对人的一生的影响也可大可小。游离运具有临时性、随机性，可单独发挥作用，也可与大、中、小运相结合发挥作用。游离运可能会以大、中、小运的形式，或以与大、中、小运相结合的形式表现出来，可能会对人的一生产生较大的影响。大、中、小运可以被游离运影响，出现强弱的变化。人可以通过努力获取不固定信息，去增加遇到和获取游离运的机会。

4. 命运是否有好坏之分，人付出努力后是否能够改变自己的命运？

命运有好坏之分，这种好坏体现在两个层面：一是"命"会对人的发展起点产生重要影响，在"命"的影响下，人的发展起点较高，可以说是好的命运，人的发展起点较低，可以说是坏的命运；二是命运不完全由"命"决定，"运"也会对命运产生影响，使得人这一生或顺或逆，或起或伏，时而鸿运当头，时而利运不通，命运之好坏在此处呈现出动态特征。人抓住机遇，即正面空间信息的转化，则可为自己带来"好运"。

"命"是人实现发展的基本条件，人的努力几乎无法改变自己的"命"。"命"不代表最终结果，在看似一成不变的命运中，人可以依靠努力去改变自己的"运"。人作为物理生命，无法改变空间世界中空间信息的运行。不过，人可以依靠自身的努力去激活新的通信接口，切换相关的空间信息运行轨道，接入一个对自身良善的新轨道中去，同时，人还可以创造良好的转化条件，把接收的正面空间信息转化为物理信息。激活新的通信接口和创造良机转化信息，都与人自身的努力息息相关，人的努力就是将"命运"转逆为顺的关键。

人努力的方向便是"行善积德"。首先，行善积德可以促使心态安静从容，易激发新的通信接口，获取新的正面空间信息。待人接物、为人处世中，以仁爱、友好为基本原则，在一次次行善的选择中逐渐改变人的心性，塑造人良好的个人品格等。其次，广结善缘可以改变周遭环境，能够为正面空间信息向物理信息的转化提供良好条件。良好的人际关系、友善的工作作风使人更容易获得他人的信任与尊重，进而获得更多的机会和信息，转"运"的"机遇"往往也暗含其中。

5. 如何看待"命里有时终须有，命里无时莫强求"[①]？

"命里有时终须有，命里无时莫强求"意喻：命，具有

---

① 出自《增广贤文》上集。

世界本原

确定性、决定性，人无法把握或决定自己的现在和将来可能之遭遇，应顺应天命，随遇而安。此种理解，使得"命"的概念带上了一种"无可奈何"之意味，常常让人失去努力的动力。

这一说法看到了"命"对人的一生的基础性影响，同时也忽略了"运"在"命运"中的组成性作用。命运，是事物由定数与变数组合进行的一种模式，即"宿命"和"运气"的组合。于物理世界而言，"命"为定数，而"运"是变数。命为人一生之所归，运是人一生之历程。命与生俱来不可更改，运能随机缘发生改变。

通过"存善去恶"，积得点滴之功，人可以影响乃至改变原本坎坷的命运。所谓"行善之人，如春园之草，不见其长，日有所增；作恶之人，如磨刀之石，不见其损，日有所亏"，那些累积起来的"小善""小恶"的影响力逐渐提升，最终改变人之"运"。在物理生命的生死轮回和循环中，通过"消业"，即"破除罪障"和"消除业障"，人可以获得更加平顺的命运。

6. 如何看待"天作孽，犹可违；自作孽，不可活"？

《尚书·太甲（中）》有云："王拜手稽首曰：'予小子不明于德，自底不类。欲败度，纵败礼，以速戾于厥躬。天作孽，犹可违；自作孽，不可逭（huàn，指逃避之意）。'"意指命定的灾祸尚且可以逃脱，但自身作恶招致的灾祸是无法躲避的，即人会因自身作恶而获得坏的结果。

此句本质上讲的是人与自身命运、因果之间的关系。"天作孽，犹可违"，是指人可以主动规避命中注定的灾祸，转化、改变自身的因果去扭转命运。人最初既定的命运是无法更改的，人无法阻止命定灾祸的降临。灾祸降临的本质是空间世界中的负面空间信息被人所接收并积累到一定程度，此时人可以通过各种方式去调整自身的通信接口状态，降低与负面空间信息的通信频次，使负面的空间信息和通信关系的积累量降到最低，并提高与正面空间信息的通信频次，积累正面的空间信息和通信关系，改变运势，寻求机缘，转化因果，规避灾祸，从而改变原本的命运轨道。

"自作孽，不可活"的本质则是人自己主动打开与负面空间信息进行通信的通道，接收到负面空间信息，提高与负面空间信息的通信频次，不断积累负面的空间信息和通信关系，同时堵塞与正面空间信息进行通信的通道，无法进行正面的空间信息和通信关系的积累，明知恶因会招致恶果，却执意参与到恶的因果中自招灾祸。

世界本原

7. 如何理解"谋事在人,成事在天"①?

"谋事在人,成事在天"阐明了面对命运天和人各自的作用。人可以做出努力去"谋事",这属于人的主观能动性范畴,能对事情的结果产生重要影响。能否"成事",还涉及天是否"相助",这属于人之外的因素,不受人的努力影响。"谋事在人,成事在天"强调人的命运是人的因素与天的因素的结合,二者对等,人"谋事"之努力与天"成事"之契机皆不可或缺,一件事情的成功需要人与天之间达到和谐统一的状态。

"谋事在人,成事在天"表明人可以在一定程度上把握自己的命运。空间世界的命运信息是既定的,有一定的运行轨迹,人可以在既定的发展轨道上做出努力,尽可能多地使空间信息在物理世界中显现。人所谋之事需在上天(空间世界)已有,受到天命的限制和安排,人通过个人的智慧、选择和努力,可以打开通信接口、顺天意、努力提升正面信息接收量,进而对自己的生活和人生产生积极的影响。人对自身命运的把握程度取决于物理世界的人对空间世界命运信息的获取和掌控程度。

---

① 出自罗贯中《三国演义》第一百三回:"孔明叹曰:'谋事在人,成事在天,不可强也!'"

8. "道法自然"与"人定胜天"是互相矛盾的吗?

"道法自然"和"人定胜天"都是中国古代哲学中的经典思想。"道法自然"出自《老子》;"人定胜天"出现在许多典籍中,如"天命微密,全在人事,人定胜天"[①]"制天命而用之"[②]。

"道法自然"与"人定胜天"看似对天道自然规律采取截然不同的态度,实则两者并不矛盾。"道法自然"和"人定胜天"可以统一于天—人物联网之中,两者互为补充、彼此平衡,共同促成天—人物联网信息闭环的完整、顺畅运行。

此处的"天",是指源自空间世界的信息及其运行轨迹,在物理世界表现为自然现象及其运行规律。在天与人组成的物联网中,天处于用户平台,人处于对象平台,如图19所示。

"道法自然"主张顺应天道自然规律,即对象平台应遵循用户平台制定的规则行事,执行从用户平台传输而来的控制信息,追求对象平台与用户平台的共同发展,从而使天—人物联网中自上而下的信息顺畅运行。

"人定胜天"则强调对象平台的主动性,即"天人结合"

[①] 出自《明季遗闻》卷一"北都"。该书为清代顺治年间邹漪创作的一部史书,共四卷。
[②] 意为"掌握天命的规律而利用天命"。

下人的作用。对象平台能够对自然之道进行感知并最终克服自然带来的局限性、对事物进行控制，以更好地发挥对象平台的职能，在物联网的闭环运行中作用于用户平台，从而使天—人物联网中自下而上的信息顺畅运行。"胜"强调的是接通信息通道，洞悉人与天的互动关系与规律，而非战胜自然规律。

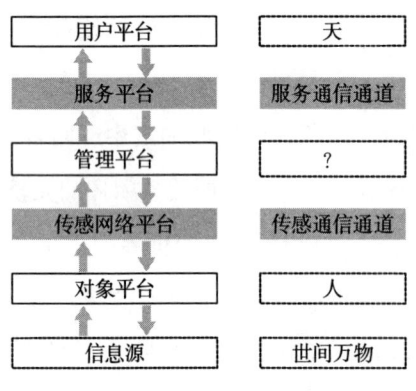

```
用户平台              天
  ↕
服务平台           服务通信通道
  ↕
管理平台              ?
  ↕
传感网络平台       传感通信通道
  ↕
对象平台              人
  ↕
信息源             世间万物
```

图 19　天—人物联网

9. 为什么一些精通风水之人通过看相能大致获得人的准确信息并预测其命运？

人的手相和面相是空间信息在物理世界中的一种具体体现，对应着一整套的空间信息运行逻辑。这些空间信息在人出生之时就已确定，随着人的成长可能会发生变化。精通风水之人比常人拥有更多与空间世界的通信接口，可以透过人的手相和面相，接收与理解更多来自空间世界的信息，并从中发掘出命运信息，进而预见人的命运。

相学是一门中国传统学问，是指通过观察人的形象外貌、身体构造、精神气质等要素来分析其秉性，预测其命运。在相学中，手相和面相是最为常见的研究对象。手相是观察手的形态和各种掌纹的特征，主要涉及的元素有"三大纹路""八大丘""五大线纹"，其中，"五大线纹"最为人们所熟知，即"生命线、事业线、感情线、婚姻线、智慧线"。面相是观察人的面部特征，主要涉及的元素有"五官""三停""十二宫位"。

手相和面相都对应着一整套的空间信息运行逻辑。在手相中，空间信息蕴含在"三大纹路""八大丘""五大线纹"等元素的分布和走向里，这些物理世界中元素的分布和走向，与空间信息在空间世界中的运行相对应。在面相中，空间信息蕴含在"五官""三停""十二宫位"的样态及其所体现的气质里，这些样态和气质也与空间信息的运行相对应。这些空间信息之中蕴藏着人的命运信息。

相较于普通人，精通风水之人通过更多的通信接口与空间世界相连接，具体体现为，精通风水之人拥有更为完善的接受和理解相关空间信息的知识理论、思维方式与统计经验。精通风水之人能够关注和把握到常人所忽略或无法意识到的关于被相者的信息，能够更为有效地回应被相者的期望，预测其命运。

世界本原

10. 祸福与命运之间是什么关系?

"祸兮,福所倚;福兮,祸所伏"意喻:坏事可以引发好的结果,好事也可以引发坏的结果。也就是说,福祸相依,在一定条件下,福可变成祸,祸能转为福。在《庄子·则阳》篇里有相同的论述:"安危相易,祸福相生。"

祸福与命运有部分关联,不由命运决定。"祸"和"福"作为空间信息已经同时存在于空间世界,是命运的显现。"祸"与"福"之间的转化受到人们对待"祸""福"的态度以及现实条件的影响,不是完全由命运本身决定的。当"祸"的信息传输密度较高时,人树立在逆境中奋发的态度,并具备相应的能力和条件,调整通信接口和参数,关闭"祸"的通道,打开"福"的通道,去接收更多"福"的信息,可转"祸"为"福";当"福"的信息传输密度较高时,人缺乏忧患意识,或缺乏相应的能力和条件,没有保持良好的通信状态,阻塞了"福"的通道,打开了"祸"的通道,接收到更多"祸"的信息,便转"福"为"祸"。

"祸"与"福"之间的转化不是一个简单的循环往复的过程,是从量变到质变的积累。面对那些"飞来横祸",在正确的方向上,做好点滴之功,持续努力,方能转败为胜;面对来之不易的"福",也要时刻保持多一分珍惜和敬畏。

11. 一些历史现象总是周而复始地发生，历史现象是否有自己的"命运"？

人们看到《三国演义》开篇所言的"天下大势，分久必合，合久必分"的现象，往往便以为相似或相同的历史现象在不同的时代、地区或条件下会重复出现，掉入"历史循环论"的陷阱。本质上，历史现象呈现出两方面的意涵：一方面，历史现象有着自己的周期性和演进规律——这些可称其为"命运"；另一方面，历史不是原地踏步、循环往复，而是在曲折中前进、螺旋式上升的。历史现象之间常常相互影响、彼此作用，产生复杂的结果。

所谓历史现象之"命运"，其背后是空间信息的运行规律在物理世界的复现。历史现象的相似性来自整体空间信息的普遍性，历史现象的独特性来自不同历史时期所接收空间信息的差异性。历史现象的"命运"不是既定的，可以被人的努力影响而改变。某种历史现象是否发生取决于各历史时期民众的努力，如人们对生产工具的使用、对政治经济的认知、对社会结构的作用等，均会影响历史的走向。

12. 常言时势造英雄、英雄造时势，个人命运与时势是什么关系？

个人命运是时势的一部分，时势亦由无数个人命运构成；

世界本原

人可决定时势走向，时势亦能影响人的命运。彼此相辅相成。

"英雄"是指对社会产生巨大影响乃至决定性影响的人，通常以个体形式存在。"英雄"可以作为个人命运的集中体现，个人命运与时势统一于"英雄造时势"和"时势造英雄"的物联网之中。当"英雄"处于用户平台，即"英雄造时势"，如图20所示；当"英雄"处于对象平台，为"时势造英雄"，如图21所示。

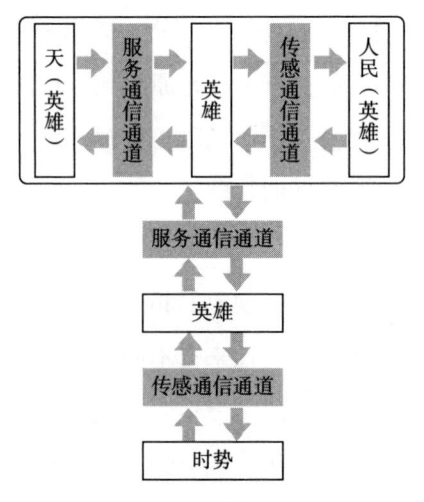

图20 "英雄造时势"物联网

"英雄造时势"阐明了"英雄"的作用。用户平台、管理平台、对象平台皆会出现"英雄"。用户平台为"天"，用户平台的英雄作为用户平台需求和意志的代表，亦即"天意"之代表，与"天"之运行规律相符。所谓"帝王""天子"等"代表天意者"皆为用户平台的英雄。管理平台负责

164

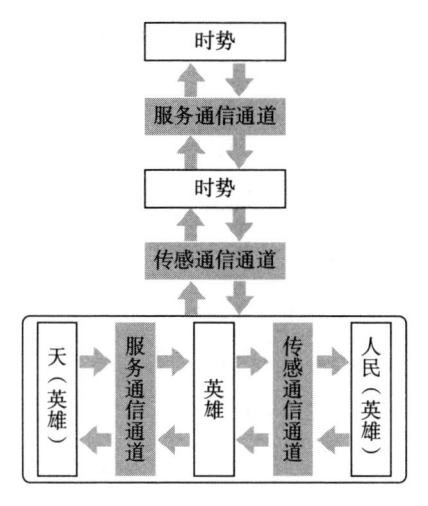

图21 "时势造英雄"物联网

处理用户平台的需求，并对对象平台进行管理。管理平台的英雄代表了"天意"的一部分，采取实际的行动促使"天意"得以实现。人们日常所言之"英雄"大多是指管理平台的英雄。对象平台为广大人民群众，对象平台的英雄即意指人民是英雄，人民也可代表"天意"，作为群体的人民凝聚为"英雄"这一个体象征。人民是英雄强调对象平台的整体作用，对于整个物联网的运行至关重要。三个平台的英雄对"英雄造时势"物联网的用户平台内网而言都是不可或缺的，三个平台的英雄各司其职、协同合作，才能够保障内网的顺畅运行。在"英雄造时势"物联网主网中，"英雄"作为一个整体，发挥用户平台和管理平台的功能，造出顺应社会规律、符合人们需求、推动社会进步的"时势"。

世界本原

"时势造英雄"阐明了"时势"的作用。在"时势造英雄"物联网中,时势成为用户平台。时势是一种环境状态,本质上与"天"是一致的,亦为"天意"之代表。时势有发展的需求。居于用户平台的时势侧重于"大势",是时代发展的主要方向。时势也可成为管理平台。居于管理平台的时势侧重于范围相对较小的"趋势"。与对象平台相对应的时势,则侧重于具有一定时代影响力的更为具体的事件。为实现时势的需求,"英雄"作为"时势造英雄"物联网的对象平台而诞生。在对象平台内网中,三个平台都诞生了对应的英雄。这些"英雄"与当时"时势"的契合度最高,有顺应"大势"的英雄,有把握一定范围内"局势"的英雄,有推动某个关键事件的英雄。脱离了"时势"的背景,这些人类个体可能无法成为"英雄",这就是所谓"时势造英雄"。

十一、人类对世界的认识

人类从空间世界来到物理世界，集空间、物理及幻影属性于一体，对空间世界、物理世界及幻影世界有着复杂的需求。人类渴望了解空间世界的运行规律，期盼在物理世界满足生存和发展的物理需求，希望在幻影世界拓宽和延伸自己的能力、塑造更好的自我形象。

人的内心翻涌着各种需求，促使自身与世界发生互动联系，致力于认识世界。世界复杂多元，人对世界的认识广涉众多对象——包含着对灵性信息、物性信息、物理信息、幻影信息的感知，触及广大范围——上达空间世界、下穷物理世界与幻影世界，甚至努力去探寻信息世界与时间世界的奥秘。

人对世界中各种信息的感知方式不尽相同，从而形成不

世界本原

同的学科理论。

（一）对空间世界的认识

空间世界玄妙无穷，与人的命运有着千丝万缕的联系，引无数人深思。人类探索灵性信息的根源，对人与空间世界灵性信息关系的认识便成为神学。

宗教，是指人在一定范围内对其与空间世界灵性信息的关系进行的膜拜，通过社会团体形式传递，受到神学的指引。

在空间世界演化出物理世界的过程中，大量物性信息发生转化，能量波动，物质聚集，星体形成，万物生发。人类思辨和探索自身存在的意义、世界的构成与运行，形成人与各种信息（更多体现在物性信息方面）之间关系的综合学问——哲学。

（二）对物理世界的认识

物理世界的万千现象与万物生发都有其空间根源，人类敏锐地捕捉到其背后物性信息变化的规律和逻辑关系，从而形成体现物性信息之间关系的科学。

科学，是对物理世界的认识，以数学逻辑为基础对物理世界各种事物的属性和作用规律进行观测和实验，形成体现物理信息关系的体系，包括天文学、物理学、化学、生物学等诸多学科。

（三）对幻影世界的认识

人类通过观察和思维活动，发现幻影世界并了解其根源——幻影世界乃物理世界的延伸。

人类进一步开拓思维、展开想象，将反映物理信息和幻影信息关系的认识表现在文学、艺术、影视、计算机等门类，并借助对幻影世界的认识增进自身对物理世界的认识，服务于自身。

十二、人类对世界的改造

信息世界和时间世界通过空间世界与人联系，空间世界的信息亦需经过转化方能为人们所认识和掌握，因而人类不能改造信息世界、时间世界及空间世界，仅能够对物理世界与幻影世界发挥力量进行改造。

人类对世界的改造，以认识为基础，在实践中深度体现出来。认识世界与改造世界两者相辅相成，以更好地满足人类自身之需求，改善世间万物生存之环境。

（一）对物理世界的改造

人类从空间世界、物理世界及幻影世界获得的认识，经由人类所掌握的物性信息串联，变得清晰化、体系化。这些认识成为人类探索世界的工具，指导人类对物理世界进行多样化的改造。

1. 借助对空间世界的认识改造物理世界

人类虽不能改造空间世界，却能从对空间世界获得的认识出发，顺应灵性信息与物性信息的规律，将空间信息应用于自身的灵性部分、物性部分以及物理世界，从而改造物理世界。

神学、宗教、哲学、数学等学问，启示人类如何顺应世界的规律、敬畏天地和神明、综合性地作用于自身和世界。人类借助信仰神学、组织和发展宗教、研究哲学、培养数学和逻辑思维等诸般方式，影响自身从空间世界接收信息的畅通程度，指引自身摆脱物理世界纷繁事物的干扰，深度思考事物的本质与运行的原理，惠爱众生，平和处事，以满足内心的需求（如获得内心的澄明和安宁、传扬利公与利他精神），并进一步促成物理世界环境、各类生物的和谐。

2. 借助对物理世界的认识改造物理世界

在空间信息的指引下，人类从物理世界获得的丰富经验经由大脑的深度加工和逻辑处理，形成涵盖人类工作、生活以及身心发展各个方面的多学科认识。这些科学认识与空间信息（尤其是物性信息）相结合，可以较为系统性地指导人们对物理世界进行改造：以农业知识为基础，耕作畜牧，从

世界本原

而培育新种,改变土壤,驯养动物;以数学和建筑知识为基础,建造工事,从而改变景观,营造乡村和城市聚落;以教育学为基础,开展教育,传递文化知识,将人从蒙昧带向文明;以科学体系为基础,进行科学实验,发现和运用新元素,创造新材料,研究新能源……

人类对物理世界的改造,极大地满足了人类的物理需求、心理需求乃至精神需求,使人类能够吃得饱、穿得暖、住得安全、接受教育、发明创造、有尊严地生活等。这些改造活动同时也检验和完善了人类对世界已有的认识,促进人类在实践中不断获得新知,令自身更好地生存于世间。

3. 借助对幻影世界的认识改造物理世界

除自然幻影外,幻影世界中的很大一部分本身便是人类的思想创造之物,人类能够从其创造出的幻影世界中汲取知识与能量,借助幻影信息与物理相结合的各类工具拓展人类的作用范围,从而改造物理世界。

人类可以利用幻影世界对物理世界信息的反映、计算和组合功能,对物理世界的走向做出一定的预测,如天气预报、量子计算机对未来的模拟和预测等;或在电影、画作等艺术作品中放松心情、陶冶情操,以缓解自身疲惫,调整自身状态,更好地处理物理世界中的事务;等等。

机器人是幻影世界与物理世界交互作用的产物,集幻影信息与物理信息于一体（内含物性信息的运行逻辑）：其控制系统中运行的程序代码为幻影信息，其机器实体蕴含物理信息，而物性信息是开发程序代码的基础，将程序代码与机器实体按照逻辑规律有机结合起来。机器人的智能化程度集中体现出人类对幻影、物理、物性三类信息的掌握程度。

随着科技的飞速发展，机器人在物理世界中发挥着越来越重要的作用。机器人逐渐渗透人类的日常生活，辅助人类对各个领域加强改造：工业机器人进行精确的重复性工作，提高工业产能和效率，降低人工成本，减少工伤事故，改变制造业的面貌；医疗诊断机器人、手术机器人和康复机器人在医疗领域辅助医生进行诊断、承担手术、帮助患者进行康复训练，解放部分人力劳动，提高医疗服务的稳定性和质量；娱乐机器人提供陪伴和娱乐服务，智能家居机器人成为家务助手，提高了人类的生活质量，使人类的生活更加丰富、便捷、有趣；等等。

（二）对幻影世界的改造

人类对幻影世界的改造，通常集中于人所创造的脱离头脑而存在的幻影、人类头脑中的幻影两者，较少对自然幻影进行改造。

机器人是人所创造的幻影中的典型产物。人类提高技术制造水平与编程水平，研发制造出性能更好的机器人，令机

世界本原

器人拥有更高的智能——更强的物性信息处理能力、更复杂的改造物理实体的能力等。

人类借助文字、影像、电脑代码等进行创作,编织丰富的幻影内容,可直接改造幻影世界的内容,如开发出虚拟现实等技术、建立自己理想的虚拟空间。人类通过建立自身理想中的虚拟空间,能够在一定期间内满足自身的生理与心理需求:沉迷幻想或游戏者,能从幻想或游戏中获得愉悦感,获取身心所需的刺激感;好逐虚名者,执着于塑造自身在虚拟空间中的形象、头衔或口碑,从而获得尊严感、掌控感;等等。与幻影世界关联密切之人,往往随着幻影世界的变化而发生心境或行为上的变化,从而使物理世界为之改变,间接影响物理世界。

世界永恒变化,人类对世界的探索也在不断深入,不断提出新的认识,进行创造性的改造,推动人类文明不断向前迈进。